짚신 신고
도롱이 입고
**동네 한 바퀴!**

# 짚신 신고 도롱이 입고 동네 한 바퀴!

신기방기
전통문화
**짚풀 공예**

글 정인수 | 그림 최선혜

분홍고래

책을 쓰면서

"전통을 지켜야 해."

임채지 할아버지가 늘 하는 말입니다. 할아버지가 짚풀 공예를 할 때 주변 사람들은 "돈도 안 되는데 왜 그런 일을 하시느냐?"고 묻곤 했어요. 할아버지는 그때마다 "나라도 해야지 안 그러면 전통이 사라져."라며 더욱 열심히 짚풀 공예를 하였습니다. 짚풀 공예란 벼의 줄기인 짚과 풀로 여러 가지 물건을 만들어 내는 기술을 말합니다.

할아버지는 외출할 때 옛날 사람처럼 상투를 틀고 갓을 쓰고 두루마기를 입고 나섭니다. 남들이 옛날 사람이 나타났다며 이상하게 쳐다봐도 상관하지 않습니다. 전통을 지키기로 굳게 마음을 먹었으니까 오히려 즐겁기만 합니다.

전통을 고집하니까 '구식'일 것 같지만, 전혀 그렇지 않습니다. 할아버지는 새로운 것에 관심이 많아서 비슷한 나이의 다른 할아버지보다 훨씬 '신식'이랍니다. 선글라스도 자주 쓰고, 조그만 카세트를 갖고 다니며 틈만 나면 음악을 듣는 멋쟁이입니다. 젊은이들에게 짚풀 공예를 강의하다가 춤을 춘 적도 있습니다.

할아버지는 2013년 12월에 전라남도 무형 문화재 제55호 초고장으로 지정되었습니다. 초고장이란 '마른 풀로 물건을 만드는 장인'이라는 뜻으로 짚풀 공예가와 같은 말입니다. 문화재가 되었으니 인생의 목표는 다 이루었다고 말할 수 있을지도 모릅니다. 하지만 할아버지의 생각은 다릅니다.

"내 꿈은 짚풀 공예를 널리 알리는 것이야. 특히 더 많은 어린이에게 짚풀 공예를 가르쳐주고 싶어."

이 책은 그래서 쓰게 되었습니다.

할아버지와 이야기를 나누고 짚풀 공예에 대한 자료를 모으다 보니 놀라운 것이 너무 많았습니다. 우리는 짚풀 공예를 짚신이나 멍석, 삼태기 등을 만드는 기술로만 생각합니다. 하지만 짚풀 공예는 우리가 생각하는 것보다 더욱 많은 것을 담고 있는 예술입니다. 우리 선조들은 수천 년 전부터 짚풀로 집을 짓고 갖가지 생활용품을 만들었으며, 여러 가지 놀이도 만들었습니다. 삼신이나 터주신과 같은 신도 짚풀로 모셨고 붓, 칫솔, 굴뚝 청소기, 축구공과 같은 것들도 짚으로 만들었습니다. 우리 선조들은 짚 위에서 태어났고, 죽어서도 짚에 둘둘 말려 땅에 묻혔습니다.

  그게 다가 아닙니다. 짚풀 공예 속에는 매우 다양한 것들이 담겨 있습니다. 우리 조상들의 슬기와 멋이 듬뿍 담겨 있고, 전설과 설화와 같은 흥미진진한 이야기도 담겨 있습니다. 재미있는 속담도 많고, 정겨운 이름도 가득합니다. 우리의 소중한 전통문화이며, 역사라는 것을 알 수 있었습니다.

  이 책은 바로 그런 이야기를 모은 것입니다. 할아버지가 어릴 적부터 보고 들어온 우리 선조들의 이야기, 지금은 사라진 물건들과 그 속에 담긴 재미난 이야기를 담았습니다.

  전통은 소중합니다. 하지만 그것을 지키고 발전시키는 것이 더욱 중요합니다. 이 책이 우리의 소중한 짚풀 공예를 많은 사람에게 알리고 발전시키는 데 작은 도움이 되기를 기대합니다.

2016년 7월 전남 곡성에서<br/>정인수

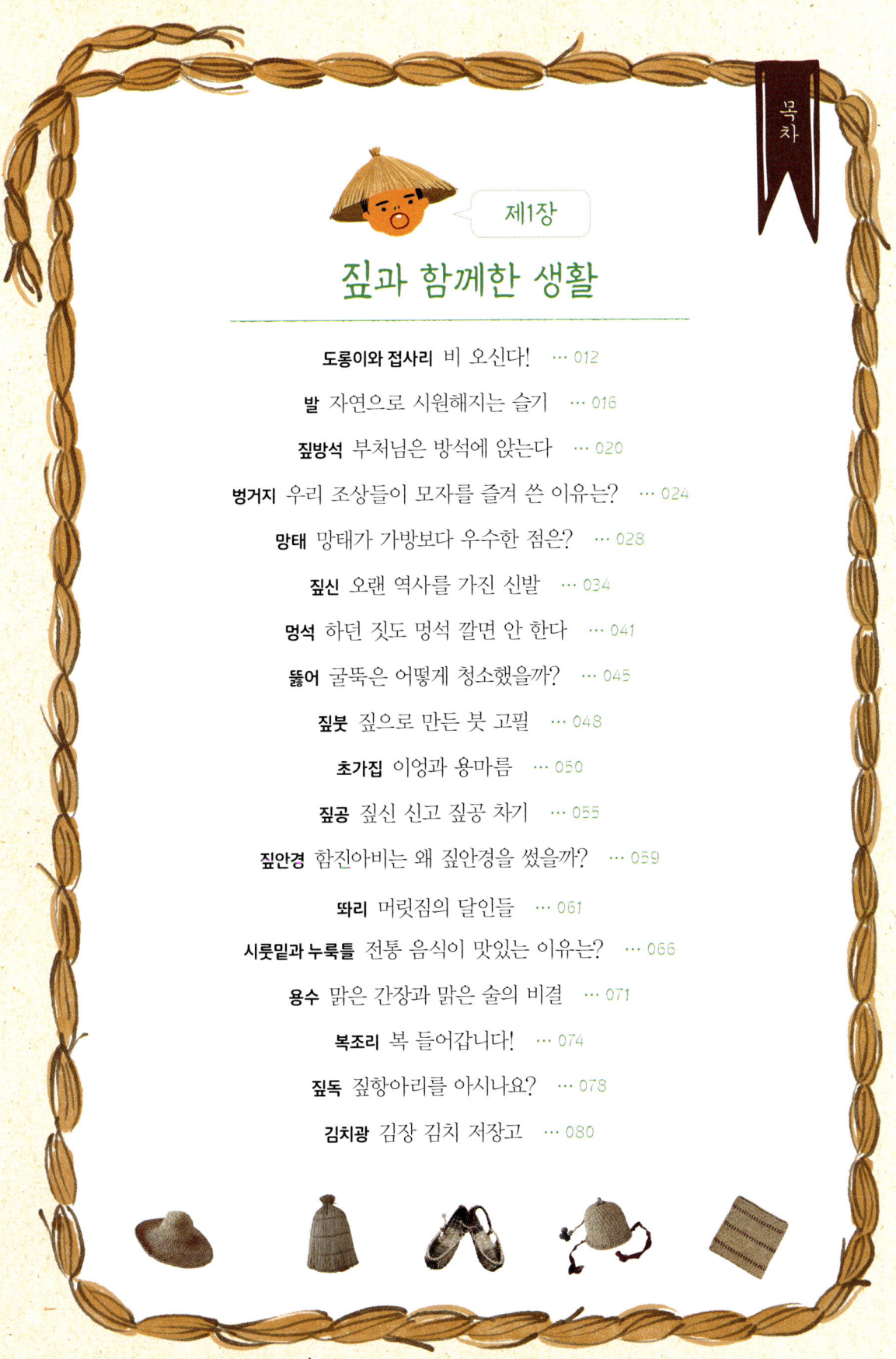

## 제1장
# 짚과 함께한 생활

**도롱이와 접사리** 비 오신다! ··· 012
**발** 자연으로 시원해지는 슬기 ··· 016
**짚방석** 부처님은 방석에 앉는다 ··· 020
**벙거지** 우리 조상들이 모자를 즐겨 쓴 이유는? ··· 024
**망태** 망태가 가방보다 우수한 점은? ··· 028
**짚신** 오랜 역사를 가진 신발 ··· 034
**멍석** 하던 짓도 멍석 깔면 안 한다 ··· 041
**뚫어** 굴뚝은 어떻게 청소했을까? ··· 045
**짚붓** 짚으로 만든 붓 고필 ··· 048
**초가집** 이엉과 용마름 ··· 050
**짚공** 짚신 신고 짚공 차기 ··· 055
**짚안경** 함진아비는 왜 짚안경을 썼을까? ··· 059
**똬리** 머릿짐의 달인들 ··· 061
**시룻밑과 누룩틀** 전통 음식이 맛있는 이유는? ··· 066
**용수** 맑은 간장과 맑은 술의 비결 ··· 071
**복조리** 복 들어갑니다! ··· 074
**짚독** 짚항아리를 아시나요? ··· 078
**김치광** 김장 김치 저장고 ··· 080

## 제2장
# 목숨처럼 소중한 짚풀 공예

**씨오쟁이** 목숨처럼 아끼던 씨오쟁이 … 087
**종다래끼** 씨앗을 뿌릴 때 쓰던 바구니 … 090
**부뚜** 쭉정이를 날려 보내는 짚자리 … 092
**삼태기** 땅 한 평에 삼 삼태기 … 096
**멱서리** 짚 그릇은 대기만성 … 100
**둥구미** 고운 사람은 멱 씌워도 곱다 … 103
**섬과 가마니** 섬은 우리 것, 가마니는 일본 것 … 105
**나락뒤주** 바라만 봐도 즐거웠던 나락뒤주 … 108
**똥장군** 똥이 더러우면 밥은 어찌 먹느냐? … 110
**태** 참새야, 우리 논엔 오지 마라 … 114
**외형마름** 짚으로 해충 박멸 … 118
**언치** 소 등에 얹는 담요 … 120
**쇠짚신** 짚신을 신은 소 … 123
**부리망** 소의 입에 씌운 마스크 … 126
**닭둥우리** 닭둥우리에 달걀을 넣어 두는 이유는? … 129
**달걀꾸러미** 설날 최고의 선물은 달걀 … 132
**멍덕** 토종벌을 이사시키는 도구 … 136
**누에섶** 누에는 하늘이 준 선물 … 139

# 제3장
## 짚으로 만든 신들의 세계

**금줄** 부정을 막는 새끼줄 … 144
**솟대** 마을을 지키는 수호신 … 149
**성주신** 우리 집 수호신 … 152
**장독대** 장독을 지키는 철륭과 버선본 … 154
**삼신상** 아기를 보호해 주는 삼신할머니 … 159
**제웅** 직성을 풀어주는 짚 인형 … 162
**액막이옷** 액을 막아 내던 짚 옷 … 165
**달집태우기** 달집은 왜 태우는 걸까? … 167
**줄다리기** 이긴 마을은 풍년 … 171
**십이지 탈** 풍년을 기약하는 열두 띠 놀이 … 174
**방상시탈** 장례식을 지키는 수호신 … 179
**물밥** 객귀에게 주는 밥 … 184

### 부록. 짚풀 공예를 배우자

**새끼 꼬기** … 186
**달걀 꾸러미 만들기** … 188

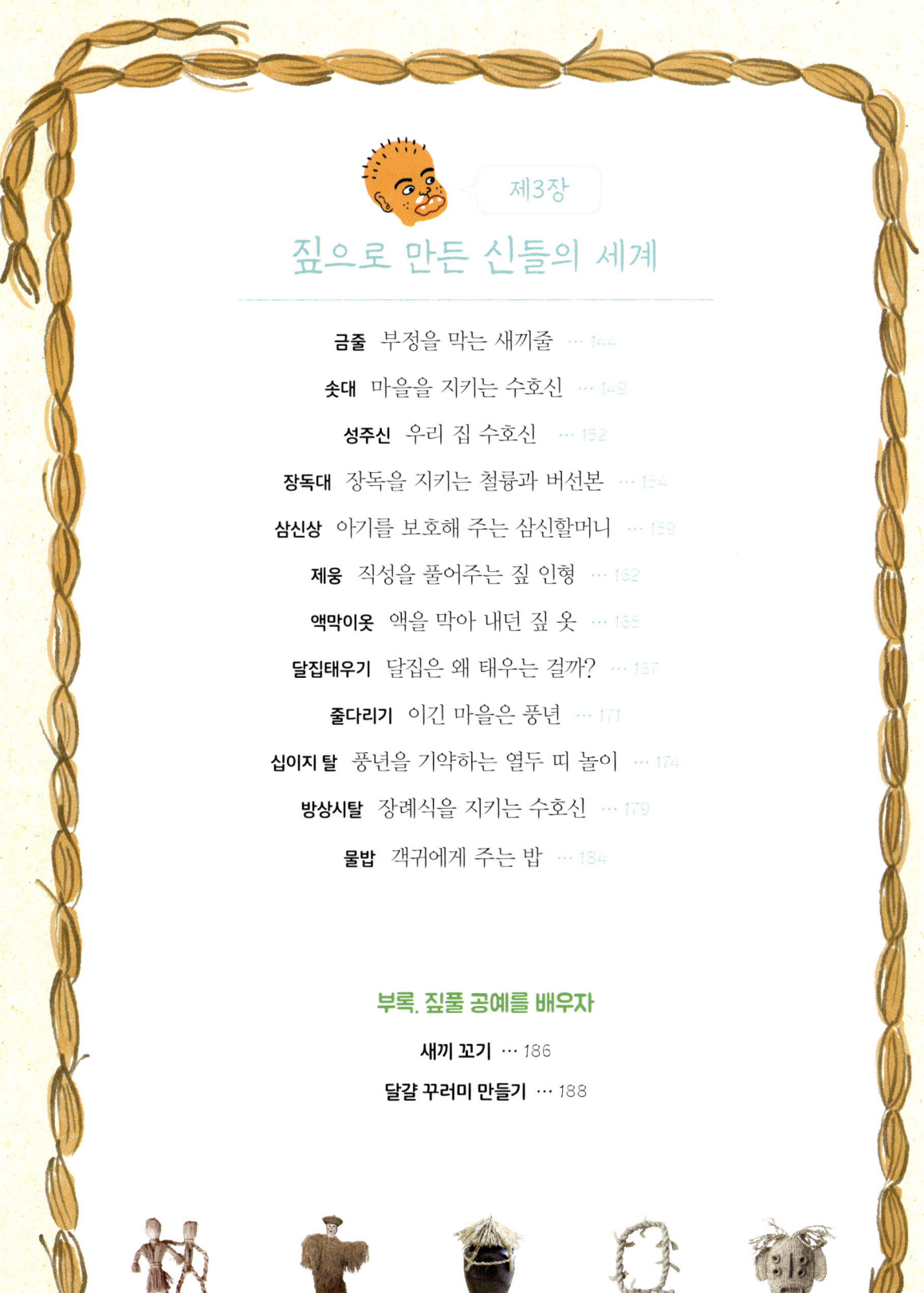

제1장

# 짚과 함께한 생활

옛날에는 집 구석구석에 짚으로 만든 것들이 가득했어.
도롱이와 접사리, 짚신, 삼태기, 방석 등등
일일이 열거할 수 없을 정도야.
이번 장에서는 우리 조상들이 쓰던 짚풀 생활용품을
알아보기로 해.

도롱이와 접사리
# 비 오신다!

봄에 비가 내리면 농사꾼들은 이렇게 말했어.
"비오신다!"
 봄에 내리는 비는 농사에 큰 도움이 되는 고마운 비라서 오신다고 높여 주는 거야. 봄비가 내리면 도롱이라는 우비를 입고 삿갓을 쓰고 논밭에 나가곤 했어. 도롱이는 언뜻 보면 비가 줄줄 샐 것처럼 보이지만, 속은 촘촘

하고 겉의 짚들이 아래로 향하여 빗물이 줄기를 타고 아래로 떨어져서 비가 새지 않아.

옛날에는 비 오는 날 학교 갈 때 입기도 했어. 도롱이를 걸치고 삿갓을 쓴 채 학교에 나타나면 아이들이 "허수아비다!"라며 놀리곤 했지.

도롱이와 삿갓은 서로 잘 어울려서 "도롱이 옆으로 삿갓이 다가온다."는 속담도 생겼어. 이는 비슷한 처지에 있는 사람끼리 어울린다는 뜻이야. 또 조선 시대 학자 김굉필은 도롱이와 삿갓을 이렇게 노래했어.

---

삿갓에 도롱이 입고 세우 중에 호미 메고
산전을 흘매다가 녹음에 누웠으니
목동이 우양을 몰아 잠든 나를 깨우도다.

---

비 오는 날 삿갓 쓰고 도롱이 입고 호미를 들고 산속에서 일했다.
잠시 숲에 누워 잠이 들었는데, 목동이 소와 양을 몰고 가는 소리에 잠이 깨었다는 내용의 시.

짚으로 만든 비옷 도롱이(위)와
비옷도 되고 돗자리도 되었던 접사리(아래)야.
우산이 없던 옛날에는 필수 생활용품이었지.

모내기<sub>논에 벼를 심는 일</sub>를 할 때 비가 내리면 도롱이보다 접사리라는 것을 썼어. 접사리는 돗자리처럼 네모나게 짠 것으로 윗부분에 어깨끈을 달아서 몸에 걸치게 만든 비옷이야. 모내기를 하려면 허리를 구부려야 하는데, 도롱이를 입으면 아랫부분이 논물에 빠지기 때문에 접사리를 걸쳤던 거야.

접사리는 접을 수가 있어서 외출할 때 돗자리 대용으로 가져가기도 했어. 비가 내리면 비옷으로 입고 내리지 않으면 적당한 곳에 돗자리로 펴고 앉아 쉬곤 했어.

도롱이와 접사리는 비옷이지만 추울 때도 입었어. 겨울비가 내려 몸이 오들오들 떨릴 때 등에 도롱이나 접사리를 걸치면 한결 따뜻하거든.

 도롱이나 접사리를 우장이라고도 하는데, 우장은 본래 도롱이나 접사리에 삿갓과 나막신 등 비올 때 갖추는 것을 함께 아울러 부르는 말이야. 서울 강서구 화곡동에 있는 우장산은 기우제를 지내면 마지막 날에 꼭 비가 내려서 우장을 준비했다고 해서 우장산이라고 해.

모내기할 때 접사리를 걸쳤다.

우장을 갖춘 모습.

도롱이의 다른 이름
**도랭이, 도롱옷, 드렁이, 도링이, 되랭이, 되롱이.**

## 발
# 자연으로 시원해지는 슬기

　에어컨이 없던 옛날 우리 조상들은 여러 가지 방법으로 더위를 이겨 냈어. 강 또는 바다에서 물놀이를 하거나 계곡을 찾아가 계곡 물에 발을 담그곤 했지. 집에서는 나무 그늘에 평상을 깔아 놓고 잠을 자기도 했어. 잠을 잘 때는 나무나 대나무로 만든 베개를 베었고, 더러는 죽부인이라고 해서 대나무로 만든 큰 원통을 안고 잤어.

　또 더위를 견디는 데 한몫을 한 것이 발이야. 발은 대나무를 가늘게 쪼개거나 짚이나 왕골 등으로 돗자리처럼 엮은 것으로, 방문을 활짝 열어 놓을 때 걸어 두면 그늘도 생기고 바람도 솔솔 들어오곤 하지. 발에는 쌍 희囍자나 목숨 수壽, 복 복福자와 같은 좋은 글자를 새겨 넣기도 하고, 좌우에 매듭을 달기도 해서 장식품으로도 훌륭했어.

발이 우수한 점은 밖에서는 안이 잘 보이지 않는 대신 안에서는 밖이 어렴풋이 보인다는 것이야. 방문을 열어 놓아도 발을 쳐 두면 사생활이 보호되지. 발은 남녀가 마주할 때에도 요긴하게 쓰였어. 옛날에는 남자와 여자가 가까이 하지 않는 것이 예절이었는데, 어쩔 수 없이 마주할 일이 있을 때에는 둘 사이에 발을 쳐 놓고 만났던 거야.

특히 궁궐에서는 어린 나이에 왕이 되면 왕비나 대왕대비가 대신 정치를 했는데, 신하들을 만날 때 발을 쳐 두고 만났어. 이것을 발을 늘어뜨리고 정치를 한다고 하여 '수렴청정垂簾聽政'이라고 해.

 발에 황룡과 흑룡을 꾸며 넣고 위쪽에는 술을 달아 장식품으로도 쓰였어. 전통 발은 실용성과 예술성을 두루 갖춘 생활용품이야.

— 멋진 소가 장식된 장식품.

한편, 새색시가 시집갈 때 타는 꽃가마에도 붉은색으로 된 예쁜 발이 가마 창에 걸렸고, 장례식 상여에도 흰색이나 검은색 천으로 만든 발이 걸렸어. 궁궐에서 쓰던 가마에는 발에 구슬을 주렁주렁 매달았는데, 이것을 주렴이라고 해.

발 만드는 모습.

발은 오늘날에도 제법 많이 쓰여. 옛날처럼 대나무나 짚으로 만든 것 이외에도 합성수지 발도 상당히 많고, 창문에 설치하는 블라인드도 발의 일종이라고 할 수 있을 거야. 에어컨을 켜고도 "아이고 덥다."고 투덜거리는 요즘 사람들은 발을 치고 여름을 났던 우리 조상들의 은은한 멋을 알기나 할까?

짚방석

# 부처님은 방석에 앉는다

우리나라의 방석 문화는 유별나지. 어딜 가나 앉을 땐 무엇을 깔고 앉거든. 물론 요즘에야 많이 달라졌지만, 옛날에는 하다못해 낙엽이라도 깔고 앉지 그냥 앉지는 않았어. 그래서 명필로 유명한 한석봉은 다음과 같은 시조를 남겼어.

---

짚방석 내지 마라, 낙엽엔들 못 앉으랴.
솔불 켜지 마라, 어제 진 달 돌아온다.
아이야, 박주산채\*일망정 없다 말고 내어라.

\* 맛이 변변하지 못한 술과 산나물

---

짚으로 만든 방석도 필요 없고 불도 켤 필요가 없다. 낙엽이 방석이요, 달빛이 불빛이니 말이다. 지은이의 소박한 삶의 멋을 표현한 시.

우리나라에 방석 문화가 발달한 이유는 집 구조 때문이야. 우리의 전통 집에는 온돌이 있는데, 아궁이에 불을 때면 뜨거우니 방석을 깔고 앉고 차

가벼워져도 엉덩이가 시리니 방석을 깔고 앉았어. 게다가 마룻바닥도 딱딱해서 방석을 깔고 앉는 것이 습관화되었어.

이에 비한다면 서양인들은 식탁 문화라서 의자에 앉지. 이는 예수님과 부처님을 봐도 알 수 있어. 예수님은 의자에 앉아 계시고, 부처님은 방석에 앉아 계시거든. 동서양의 생활 문화의 차이를 방석과 의자로도 찾아볼 수 있어.

방석은 본래 솜을 넣고 천으로 겉을 감싸 네모지게 만드는데, 방석의 방方은 바로 네모의 사방, 사각형을 뜻해. 물론 둥그랗게도 하는데, 그런 방석은 도래방석 또는 두트레방석이라고 해. 방석은 엉덩이를 편하게 해 주면서도 따뜻하게 해 주는 역할을 하지. 그러나 여름에는 솜 방석 대신에 왕골이나 대나무 또는 짚으로 만든 방석을 썼어.

그리고 방석은 깔고 앉는 데에만 쓴 것은 아니야. 도래방석을 지름 1미터 이상 크게 만들어서 곡식이나 채소 등을 말리는 깔개로도 썼어. 또 이 도

네모난 방석이야. 옛날 사람들은 방석에서 대부분 일을 처리했어.

래방석의 가장자리를 한 뼘 정도 높게 하여 맷돌을 돌릴 때 쓰기도 했어. 그런 방석에 맷돌을 올려놓고 곡식을 갈면 가장자리가 높아서 맷돌에서 갈려 나오는 가루가 다른 곳으로 흩어지지 않지. 이때 쓰는 방석은 맷돌을 앉힌다고 해서 맷방석이라고 해.

짚과 삼으로 짠 도래방석.

　이 밖에도 부엌에서 아낙네들이 일할 때 깔고 앉는 깔방석도 있고, 부처님을 모시는 부처방석에, 시루를 받쳐 놓는 시루방석, 말안장 대신 쓰는 방석, 수레를 탈 때 쓰는 방석 등등 종류도 상당히 많아. 또 헝겊 속에 솜이나 머리카락을 넣어 작은 과일만 하게 만들어 바늘을 꽂아 두던 바늘방석도 있어. 바늘방석은 바늘집, 바늘겨레라고도 하지.

　이렇게 방석 문화가 발달한 까닭에 방석은 비유적으로도 많이 쓰여. 가시방석이니 돈방석이니 하는 말들이 그것이야. 가시방석은 앉으면 가시에 찔릴 테니 아주 불안스러운 자리를 말하는 것이고, 돈방석은 돈을 많이 벌었다는 뜻이지.

　오늘날 우리 사회도 서구화되어 탁자와 의자 문화가 널리 퍼져 있지만 아직까지도 방석은 널리 쓰이고 있어. 특히 운전하는 사람들은 온종일 앉아서 근무하기 때문에 방석을 많이 사용하는데, 여름이라면 짚방석을 써 보는 것도 좋을 텐데 말이야. 공기구멍이 있어서 한결 시원하고 좋으니까.

## 다양한 짚방석의 모습

1 주로 할머니들이 쓰던 깔방석.
2 젊은 아낙들이 쓰던 곱게 엮은 깔방석.
3 왕골로 짠 방석.
4 맷돌을 쓸 때 사용하는 맷방석.

### 벙거지
# 우리 조상들이 모자를 즐겨 쓴 이유는?

우리 조상들은 모자를 많이 썼어. 양반들은 갓을 썼고, 서민들은 패랭이나 벙거지를 주로 썼지. 모자가 없으면 두건으로라도 머리 부분을 가렸어. 우리 조상들이 머리카락을 가린 이유는 자신의 몸은 부모님에게 받은 것이라고 해서 소중하게 다루었기 때문이야.

옛 모자 중 가장 특이한 것은 벙거지야. 벙거지는 위가 높고 챙은 짧은 모자로 대개 돼지털로 만드는데, 짚으로도 만들곤 했어. 본래 군사들이 쓰던 것이 일반인들에게 퍼져서 양반 집 하인들이나 궁궐의 아랫것들, 그리고 상인들이 주로 썼다고 해.

 모양도 예쁜 짚모자(왼쪽)와 삼으로 짠 원추형 모자(오른쪽)야. 짚과 풀 등으로 이렇게 다양한 모양의 모자를 만들었다니, 솜씨가 놀라워.

또 농악 놀이를 할 때에도 벙거지를 쓰는데, 위에는 상모라고 해서 종이나 새의 깃털을 달았어. 열두 발이나 되는 긴 상모를 빙글빙글 돌리며 농악을 하면 어깨가 저절로 들썩거리지. 상모는 옛날 긴 창에 장식하던 삭모라는 털에서 유래한다고 하고, 상모를 돌리는 이유는 짐승을 현혹하려는 데서 비롯되었다고 해.

정월 대보름에 액땜<sub>앞으로 닥쳐올 나쁜 일을 다른 가벼운 곤란으로 미리 겪음으로써 무사히 넘기는 것</sub>을 겸한 농악을 할 땐 상모를 다는 것 외에도 대나무 조각을 두 단으로 올린 뒤 한지나 고추 등을 매달기도 하는데, 이런 벙거지는 액막이 벙거지라고 해.

또 오소리 감투라는 희한한 벙거지도 있었어. 오소리의 털가죽으로 만든 벙거지로, 감투라고 부르는 것은 오소리라는 동물이 굴속에 한 번 들어가면 나오지 않는 게 마치 도깨비 감투를 쓴 것 같다고 해서 붙인 거야.

농악에 쓰던 짚 벙거지.(위)
액막이 벙거지.(아래)

요즘 순댓국집에 가면 오소리 감투라는 메뉴가 있는데, 오소리로 만든 요리가 아니라 돼지의 위 부분을 요리한 음식이야. 이는 잔칫날 돼지를 잡을 때 생긴 말이야. 돼지는 여러 명이 한꺼번에 잡는데, 돼지고기를 부위별로 정리하다 보면 윗부분이 감쪽같이 사라지곤 했어. 쫄깃하니 맛이 좋아 누군가가 재빨리 챙겼던 거야. 사라지는 게 꼭 오소리가 굴속으로 들어가 버린 것 같고, 게다가 모양도 벙거지인 오소리 감투와 비슷해서 돼지 위를 오소리 감투라고 부르는 거야.

오늘날 벙거지는 보통 모자를 가리키는 말로 많이 쓰이고 있어. 하지만 모자도 각각 제 이름이 있으니 이왕이면 벙거지만 벙거지라고 하는 것이 어떨까. 한편, 벙거지는 워낙 많이 쓰던 것이라서 관련된 속담도 많아.

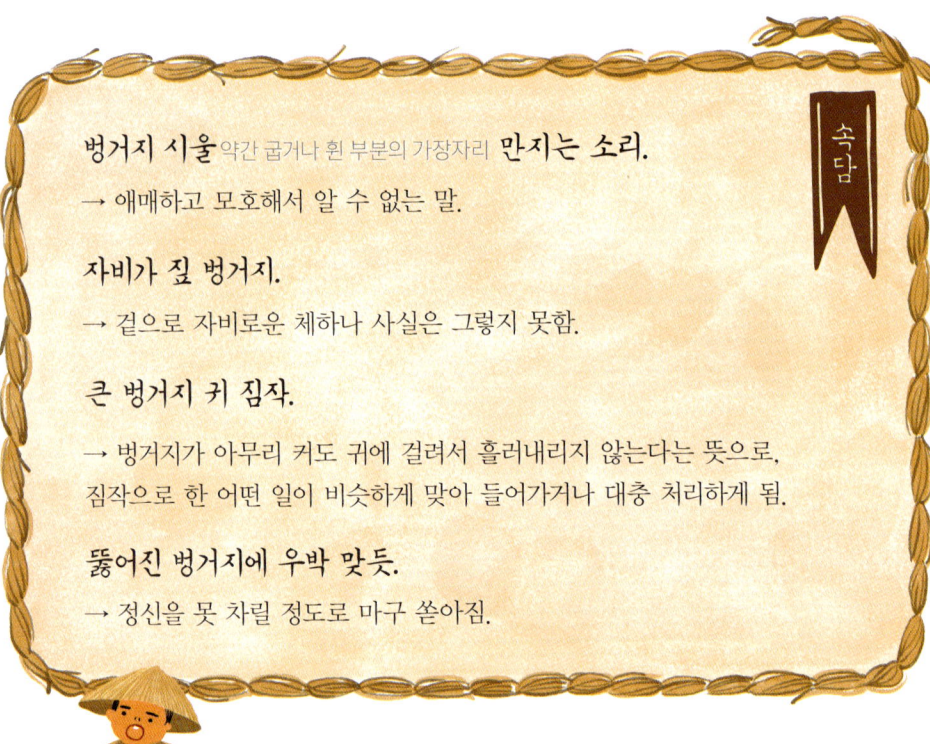

**속담**

**벙거지 시울**약간 굽거나 휜 부분의 가장자리 **만지는 소리.**
→ 애매하고 모호해서 알 수 없는 말.

**자비가 짚 벙거지.**
→ 겉으로 자비로운 체하나 사실은 그렇지 못함.

**큰 벙거지 귀 짐작.**
→ 벙거지가 아무리 커도 귀에 걸려서 흘러내리지 않는다는 뜻으로, 짐작으로 한 어떤 일이 비슷하게 맞아 들어가거나 대충 처리하게 됨.

**뚫어진 벙거지에 우박 맞듯.**
→ 정신을 못 차릴 정도로 마구 쏟아짐.

벙거지의 다른 이름
**벙치, 벌립, 벙데기, 뻥거지.**

# 다양한 벙거지의 모습

1
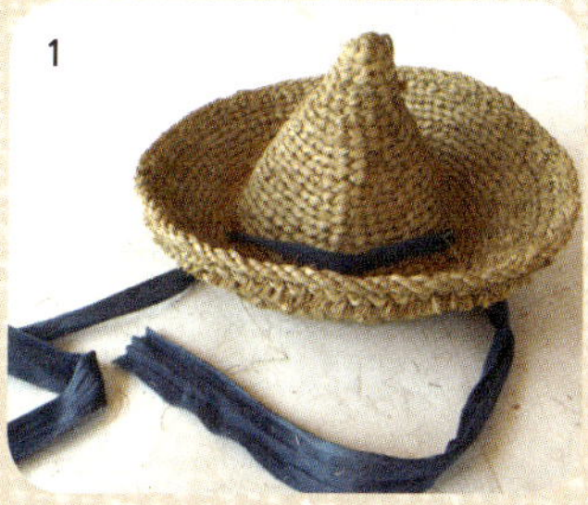

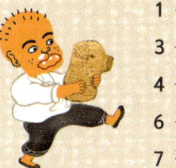

2
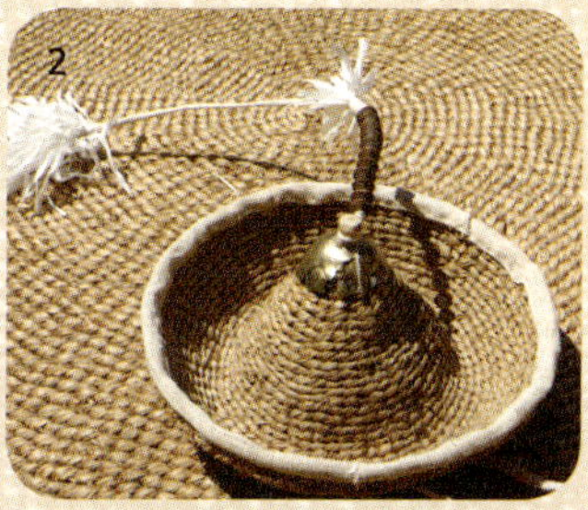

3
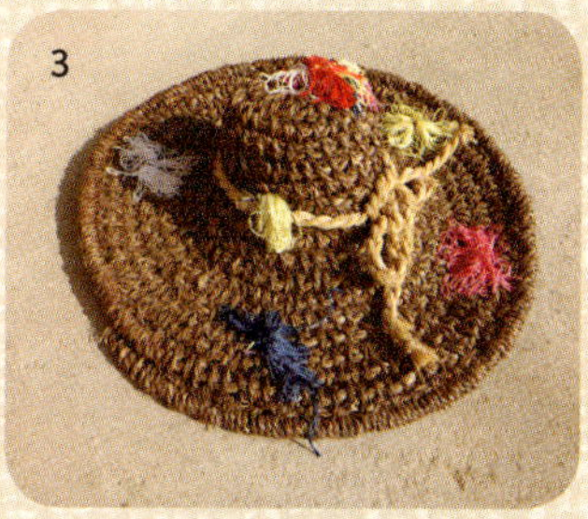

4
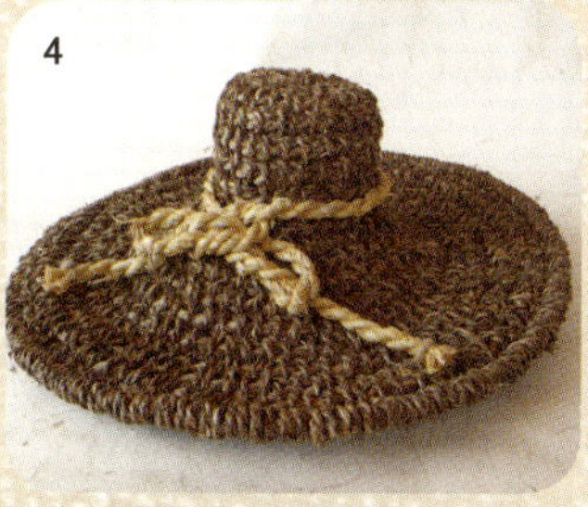

5
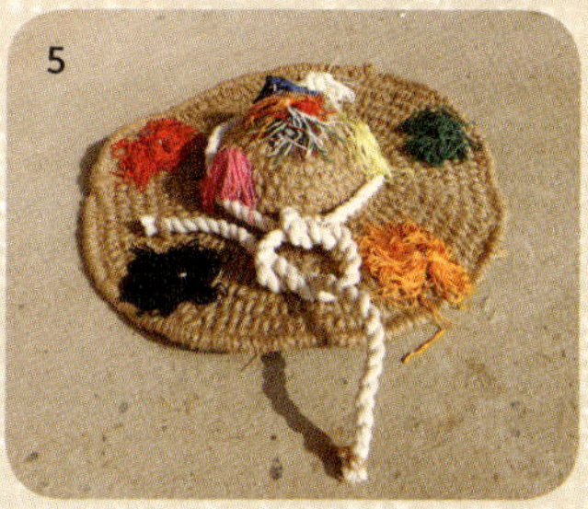

6
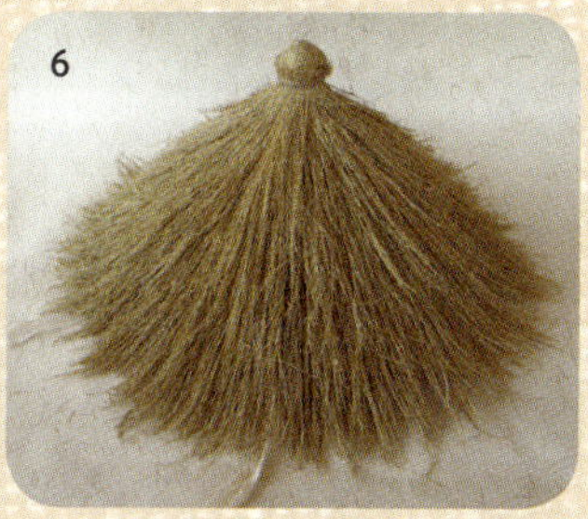

7
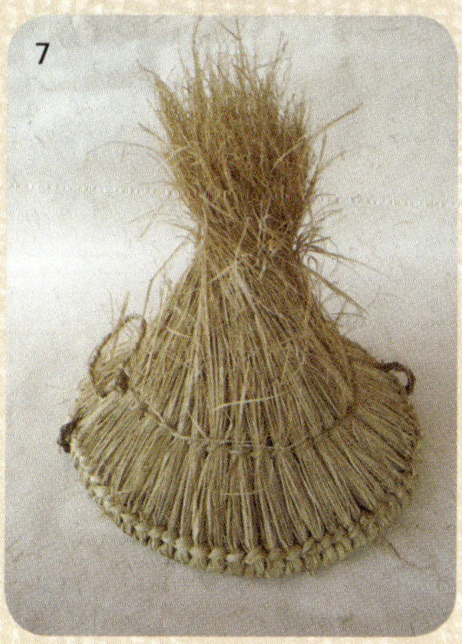

8
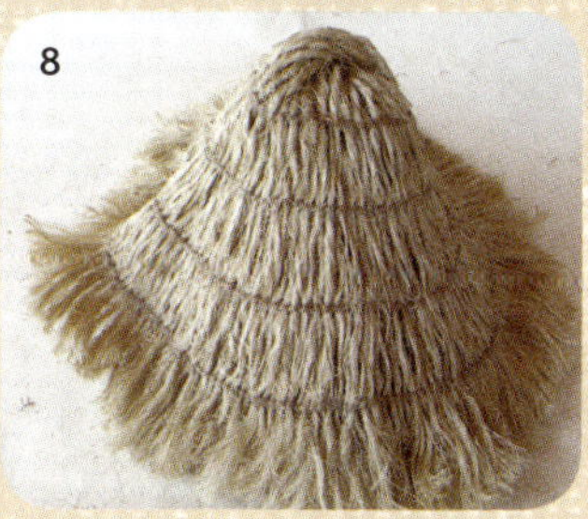

**1** 농악 놀이 짚모자. **2** 농악할 때 쓰는 상모 벙거지.
**3** 삼 줄기로 만들고 오색실로 장식한 모자.
**4** 삼으로 만든 모자. **5** 오색 짚모자.
**6** 짚의 고운 부분인 홰기를 모아 만든 모자.
**7** 짚으로 만든 고깔 모자. **8** 칡넝쿨로 만든 벙거지.

망태

# 망태가 가방보다 우수한 점은?

"말 안 들으면 망태 할아버지가 잡아간다!"

예전에 아이가 떼를 쓰며 울면 어른들은 망태 할아버지로 겁을 주곤 했어. 그 말에 아이는 울음을 뚝 그치고 사방을 두리번거리곤 했어. 망태 할아버지가 호랑이나 귀신처럼 무서운 존재였기 때문이야.

망태 할아버지는 우중충한 옷차림에 때 묻은 벙거지를 푹 눌러쓰고 어깨에는 커다란 망태를 짊어졌는데, 손에 든 집게로 말을 듣지 않는 아이를 꽉 집어서 망태에 넣을 것만 같았지. 망태 할아버지한테 붙잡혀 가면 혼이 날 뿐만 아니라 울면 입을 바늘로 꿰매고 떼를 쓰면 새장 속에 가

용변용 짚을 넣는 변소망태.

짚으로 만든 연장 망태야.
날카롭고 위험한 연장은 뚜껑이 있는
연장 망태에 담아 높은 곳에 걸어 두었어.

두며 밤에 잠을 자지 않으면 올빼미로 만든다고 했어.

그러나 망태 할아버지는 본래 동네 골목을 돌아다니면서 폐품을 줍는 사람이야. 낡고 해어져서 입을 수 없는 헌 옷이나 이불을 잘 주워 갔는데, 그런 것들을 흔히 넝마라고 해서 망태 할아버지를 넝마주이라고 부르기도 했어.

망태 할아버지가 메고 다닌 망태는 대나무나 싸리나무로 만들지만 보통 망태는 짚으로 만들었어. 가방처럼 네모지게 만든 뒤 양옆에 끈을 연결하여 어깨에 멜 수 있어. 하지만 어떤 것은 둥그스름하게 엮기도 하고, 그물 망처럼 엮기도 해.

망태는 망치나 끌 등 연장을 넣는 보통 크기부터 낙엽이나 검불 등 땔감을 한 짐 넣는 큰 것까지 크기가 다양했어. 또 종류도 많았어. 연장을 넣으면 연장망태, 소꼴소에게 먹이는 풀을 넣으면 꼴망태라고 하고, 심마니산삼을 캐는 사람들이 약초 캐러 다닐 때 쓰는 주름이 잡힌 망태는 주루막이라고 해. 또 꿩을 잡아서 넣는 꿩망태, 씨앗을 담는 씨망태, 개똥을 주워 담던 개똥망태, 장기 알을 넣어 두는 장기망태에 화장지로 쓰던 짚을 넣어 두던 변소망태도 있었어. 망태는 언뜻 보면 보잘것없어 보이기도 해. 하지만 가방보다

나으면 나았지 절대 뒤처지지 않아. 가방은 형태가 굳어져서 넣을 수 있는 것이 한정되어 있지만, 망태는 변형할 수 있어서 무엇이든 담을 수가 있어. 물건은 물론 닭이나 돼지 같은 동물도 넣을 수 있지. 옛날에는 망태로 곰을 잡기도 했대. 또 쓰지 않을 때에는 둘둘 말거나 작게 접을 수가 있어서 가방보다 보관하기도 편해.

예전 아이들은 망태 할아버지라는 말만 들어도 울음을 뚝 그쳤지만, 요새는 좀 달라졌대.

한 아이가 말을 듣지 않자, 엄마가 말했어.

"너 자꾸 그러면 망태 할아버지가 잡아간다!"

"그래? 요새는 엄마를 잡아가는 망태 할아버지도 있다던데?"

아이의 말에 엄마는 되물었어.

"정말?"

"아이 넣는 것보다 아주 큰 망태를 들고 다닌대. 엄마도 조심해!"

망태의 다른 이름

**망탁, 망태기, 구럭, 깔망태.**

## 다양한 망태의 모습

**1** 간단하고 작은 물건을 보관하던 망태. **2** 약초를 캘 때 쓰는 주루막.
**3** 소꼴이나 나무 짐을 해 오던 꼴망태. **4** 세련된 옛날 망태들.

짚신

# 오랜 역사를 가진 신발

"짚신도 짝이 있다는데……."

결혼을 못 한 사람에게 흔히 하는 말이지. 이 말은 하찮은 짚신도 짝이 있으니 언젠가 결혼할 사람이 나타난다는 뜻이야. 그런데 본래 짚신은 짝이 없다가 생긴다는 뜻도 숨어 있어. 짚신은 왼짝 오른짝을 별도로 만들지 않아서 처음에는 아무렇게나 신는데, 몇 번 신다 보면 자연스럽게 왼짝과 오른짝으로 나뉘지. 그래서 "짚신도 짝이 있다."는 속담이 생긴 거야.

짚신은 우리 조상이 가장 많이 신었던 신이야. 언뜻 생각하면 가난한 사람들만 신었을 것 같지만, 양반도 많이 신었어. 먼 길을 갈 때 누구나 괴나리봇짐<sub>먼 길을 떠날 때 짊어지고 가는, 자그마한 보자기로 꾸린 짐.</sub>에 짚신 서너 켤레를 달고 떠났어.

짚신이 언제부터 있었는지는 알 수 없지만, 옛 기록을 보면 적어도 2천 년 전부터 우리 민족이 즐겨 신었다는 것은 알 수 있지. 중국 당나라 때 책인 《통전》에 "마한 사람들은 초리를 신었다."는 구절이 나오는데, 초리는 짚신의 한자 말이고 마한은 약 2천 년 전 우리나라에 있었던 부족 국가야.

삼국 시대 때 짚신이 유물로도 발굴되었어. 신라와 가야의 고분에서는 짚신 모양의 토기가 여러 점 발굴되었고, 충남 부여 궁남지라는 연못에서는 백제 짚신이 60여 켤레나 발굴되었어. 짚신 모양의 토기는 받침대를 짚신 모양으로 만든 제사용 술잔이야. 이는 죽은 사람이 저승에 갈 때 짚신을 신고 가라는 뜻이 담겨 있어. 그리고 백제의 짚신은 연못의 진흙 속에 묻혀 있어서 1천 년이 넘도록 보존된 것으로 썩기는 했지만, 당시 짚신이 어떻게 생겼는지는 충분히 알 수가 있어.

고려를 거쳐 조선 시대에 들어와서는 짚신이 더욱 널리 이용되었어. 종류도 다양해지고 짚신과 관련된 이야기도 풍성해졌지. 짚신의 종류를 보면 어벅다리, 늘총박이, 털메기, 세코짚신, 미투리 등 열댓 가지나 있었어. 이는 짚신의 앞부분, 즉 발등 좌우를 감싸는 부위를 이루는 작은 끈(이를 총이라고 해.)들이 얼마나 촘촘한가, 그리고 전체적인 모양이 얼마나 예쁜가로 달리 불렀어.

가야의 짚신형 토기.

어벅다리는 총이 10개 정도로 다소 엉성한 짚신이고, 늘총박이는 총이 60개나 되는 고운 짚신이며, 털메기는 전체적인 모양이 굵고 거친 짚신이야. 육바라기는 총이 6개로 스님이 신었고, 세코짚신은 앞부분을 약간 터서 구멍을

부여 궁남지에서 출토된 백제 짚신.

내 편하게 신는 짚신이야. 미투리는 신총이 30~40개 정도인데, 바닥을 이루는 뼈대가 6줄(보통 짚신의 바닥은 4줄)로 촘촘해서 매우 고운 신으로 주로 여자들과 양반들이 신었어. 또 장례식 때는 거칠게 만든 엄짚신을 신었는데, 이는 부모를 잃은 자식이 예쁜 신을 어찌 신느냐는 뜻이 담겨 있어.

## 고급 짚신 미투리

짚신 종류 중 가장 예쁜 것은 미투리야. 짚 이외에도 한지나 삼 등으로 만드는데, 특히 한지를 꼬아서 삼은 지총미투리는 빛깔도 곱고 튼튼하기도 했어. 미투리는 분(얼굴빛을 곱게 하려고 얼굴에 바르는 화장품)을 바르거나 총에 예쁜 색깔을 들이기도 하고 삼 껍질을 넣어 무늬를 내기도 했어. 이를 각각 분미투리, 색미투리, 꽃미투리라고 해. 탑골치는 동대문 밖 탑골에서 만든 최고급 미투리였고, 고운 볏짚만을 골라 삼은 평양짚신은 신이 너무 예뻐서 평양 기생이 나들이 갔다가 비가 오면 치마폭에 싸서 올 정도였어.

한지로 곱게 삼는 미투리.

남자들은 미투리로 여자를 유혹하기도 했어. 마음에 드는 처녀가 있으면 미투리를 곱게 삼아 그 안에 앵두꽃 가지를 넣어서 그 처녀의 집에 던지는 거야. 앵두꽃은 사모한다는 뜻이야. 하지만 앵두꽃이 아니라 복숭아꽃을 넣어서 던지는 것은 실례야. 한 번 놀자는 뜻이거든. 그 미투리를 받은 처녀가 총각의 마음을 받아 준다면 좋겠지만 무시하기도 했을 거야. 그러면 총각은 상사병에 걸릴 수 있는데, 그 병을 고치려면 그 처녀의 버선을 태운 재가 유일한 약이었대.

 모양도 다양한 짚신들. 짚신은 2천 년 이상 우리 민족이 신어 온 신발이야.

## 세상에서 가장 아름다운 신발

"머리카락으로 짚신을 삼아서라도……."

큰 은혜를 입었을 때 하는 말이야. 우리 조상들은 머리카락 한 올이라도 부모님한테 받았다며 소중하게 여겼는데, 그것으로 짚신을 만들어 준다는 것은 목숨을 바쳐도 아깝지 않다는 뜻이야.

그런데 실제로 머리카락으로 삼은 짚신이 발견되었어. 1998년 경북 안동에서 묘를 이장하다 머리카락으로 삼은 미투리가 나온 거야. 무덤

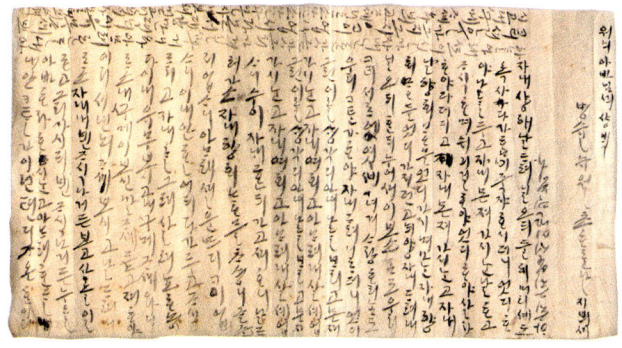

원이 엄마 편지.(왼쪽)
머리카락으로 만든 원이 엄마 미투리.(오른쪽)

의 주인공은 이응태라는 사람으로 1586년 31세의 젊은 나이에 죽었어. 머리카락 미투리는 그의 아내가 만든 거였어. 그 내용이 적힌 한글 편지 〈원이 아버님 전상서〉도 시신 옆에서 나왔지.

"당신 언제나 나에게 둘이 머리 희어지도록 살다 함께 죽자고 하시더니 어찌 나를 두고 당신 먼저 가십니까? 나와 어린아이는 누구의 말을 듣고 어떻게 살라고 다 버리고 당신 먼저 가십니까?……"

이 미투리가 발견되자 사람들은 "세상에서 가장 아름다운 신발"이라고 말했고, 안동시에서는 이 이야기를 알리려고 안동 호수에 원이 엄마 공원을 만들었으며, 미투리를 본 따 월영교라는 다리도 세웠어.

이 이야기는 전 세계로 퍼져나갔어. 2007년에 세계적인 잡지 내셔널지오

### 신발은 짚신에서 나온 말

짚신을 신으려면 우선 헝겊으로 발을 칭칭 감싸는데, 이를 감발을 한다고 하고, 감발하고 짚신을 신는 것을 신발한다고 했다. 신발은 곧 동작을 표현하던 말이다.

그래픽에서는 〈사랑의 머리카락〉이라는 제목으로 실어서 수많은 사람에게 감동을 주었고, 소설과 노래, 뮤지컬, 영화, 미술 등 여러 예술 분야에서 작품으로 만들어졌어. 미투리 하나가 이토록 큰 감동을 주다니 정말 놀라운 일이야.

 짚신은 오늘날에는 아무도 신지 않는 신이 되었어. 하지만 짚신은 계속 만들어질 거야. 왜냐하면 짚신에는 짚풀 공예의 진수가 담겨 있거든. 또한 우리 조상들의 숨결이 담겨 있기 때문이야.

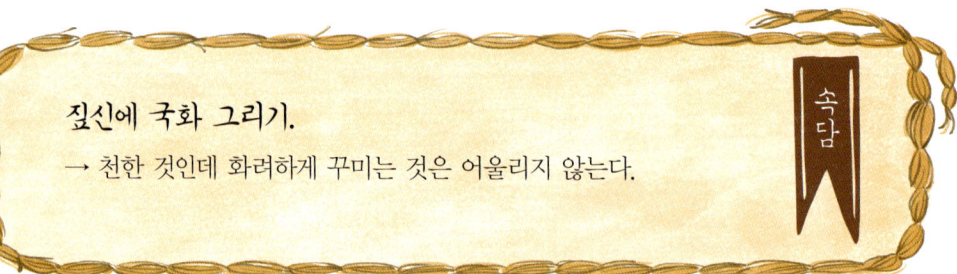

짚신에 국화 그리기.
→ 천한 것인데 화려하게 꾸미는 것은 어울리지 않는다.

속담

멍석

# 하던 짓도 멍석 깔면 안 한다

"하던 짓도 멍석 깔면 안 한다."는 속담이 있어. 평소엔 시키지 않아도 하던 일을 정작 남이 권하면 안 한다는 말이야. 또 "덕석을 멍석이라 우긴다."는 속담도 있어. 덕석은 멍석을 이르기도 하지만 본래는 소의 등에 덮어 주는 짚 담요를 말해. 멍석보다 보잘것없는 것을 멍석이라 우기는 것은 이치에 맞지 않는 일이지.

멍석은 대개 가로 3미터, 세로 2미터 크기의 직사각형 형태로 돗자리와 비슷해. 네모지니까 만들기가 쉬울 것 같지만 크기가 커서 시간이 오래 걸리고, 또 무늬나 글자, 다른 색깔을 넣기도 하므로 만들기가 어려운 편이야.

멍석은 평소에는 곡식을 널어서

다양한 용도로 쓰던 멍석이야. 멍석은 깔개로도 쓰지만 윷놀이 등 놀이에도 사용되었어.

멍석말이. 몹쓸 짓을 한 사람을 멍석말이로 혼내곤 했다.

햇빛에 말리는 데 쓰지만, 잔칫날에는 마당에 깔아두고 손님을 앉게 했어. 또 가난한 사람들은 아예 방안에 깔아 방바닥처럼 쓰기도 했고, 재주나 장기를 부릴 때에는 무대처럼 쓰기도 했어. 동네 법이 지켜지는 법정이기도 했어. 사람이 죽었을 때 둘둘 말아서 산골짝에 내다 버리는 데 쓰기도 했는데, 이것을 멍석말이라고도 해.

하지만 멍석말이라고 하면 보통 동네에서 몹쓸 짓을 한 사람이 있으면 붙잡아 멍석에 둘둘 말아서 몽둥이로 두들겨 패는 것을 말해. 그렇게 하면 누가 때렸는지 알 수 없어서 해코지할 수가 없었어. 요즘 같아서는 이해할 수 없는 일이지만, 예전에는 그랬다고 해.

그런데 권세가 높은 양반집에서는 멍석말이를 나쁜 일에 이용하기도 했어. 아무 죄도 없는 백성을 잡아다 멍석말이를 한 거야. 동네 법이 무섭다거나 토박이가 무섭다는 말이 그래서 나왔다나 봐. 옛날에 태어나지 않은 게 천만다행이라는 생각이 들어.

멍석과 비슷한 것이 자리야. 멍석보다 가볍게 만든 것으로 돗자리로 쓰였어. 잔칫날 멍석 대신 손님을 앉게 했고, 제삿날에는 제사상 아래에 깔아두곤 했어. 제사에 쓰던 자리는 특별히 배석자리라고도 해.

또 자리보다 대충 만든 거적이라는 것도 있는데, 돗자리로는 쓰지 못하고

자리는 고드랫돌을 이용해 만든다.(왼쪽)
거적 짜는 기계.(오른쪽)

무나 배추, 고추 등을 말리는 용도로 썼어. 거적은 또 이른 봄이나 늦가을 밭에 덮어 두어 농작물을 추위에 보호하기도 했고, 가난한 집에서는 출입구에 걸어 놓고 문으로 쓰기도 했어. 그런 문을 거적문이라고 해.

위와 같이 멍석이나 자리, 거적은 비슷하면서도 각각 쓰임새가 달랐어. 멍석은 곧 우리 조상들의 삶이 가득한 물건이야.

## 속담

**앉을 자리를 보고 멍석을 깔아라.**
→ 눈치껏 해라.

**거적 쓴 놈 내려온다.**
→ 몹시 졸려서 눈꺼풀이 내려 감긴다.

**거적문 드나들던 버릇.**
→ 문을 드나들 때 문을 닫지 않고 다니는 나쁜 버릇.

**청국장이 장이냐 거적문이 문이냐.**
→ 못된 사람은 사람이라 할 수가 없고 좋지 아니한 물건은 물건이라 할 수 없다.

멍석의 다른 이름
**덕서기, 덕석, 턱성, 터서기.**

뚫어

# 굴뚝은 어떻게 청소했을까?

"뚫어! 뚫습니다!"

옛날에는 집집에 굴뚝이 있었는데, 검댕이가 많이 생기므로 주기적으로 청소를 해 줘야 했어. 굴뚝 통로가 좁아져 연기가 잘 빠져나가지 못해 실내가 따뜻해지지 않기 때문이야.

굴뚝 청소부는 징을 치면서 "뚫어! 굴뚝 뚫어!"라며 외치고 다녔는데, 아이들이 뒤를 졸졸 따라다니며 "뚫어!" 하고 흉내 내다가 꿀밤을 맞기도 했어. 굴뚝 청소부는 어깨에 선 뭉치를 맸는데, 그 끝에는 솔이 달려 있어서 이것을 아궁이에 깊숙이 집어넣어 굴뚝을 청소했어. 이는 연탄이나 장작을 때던 40~50년 전의 이야기야.

이보다 더 오랜 옛날에도 굴뚝 청소부가 있었어. 그땐 선 대신 긴 장대에

짚으로 만든 굴뚝 청소기 뚫어(왼쪽)와 옛날 소방기구 불끄개(오른쪽)야. 짚풀은 옛날 사람들의 생활 구석구석 사용되었어.

새끼줄을 몇 가닥 묶어서 메고 다녔는데, 그것을 '뚫어'라고 했어. 꼬질꼬질해진 굴뚝 내부에 집어넣고 박박 문지르면 새카만 검댕이가 새끼줄에 시커멓게 묻어 나오지.

굴뚝 청소부는 서양에도 있었어. 서양의 집은 대부분 벽난로가 있기 때문에 굴뚝을 청소하려면 사람이 직접 굴뚝으로 들어가야 해. 그런데 굴뚝 내부가 좁으므로 어른은 들어가지 못하니까 어린이가 들어가서 청소를 했대. 온몸이 시커멓게 더러워지는 것은 기본이고 화상을 입거나 질식하는 일도 많았다는데, 그런 위험한 일을 어린이들이 했다니 놀라운 일이야.

그러나 사람들은 굴뚝 청소부를 행운의 상징으로 여겼어. 아침에 굴뚝 청소부를 보면 그날 행운이 온다고 믿은 거야. 그러한 관습이 오늘날까지 이어져 서양에서는 굴뚝 청소부 인형이 선물용으로 인기를 끌고 있지.

한편, 뚫어와 비슷하게 생긴 것으로 불끄개가 있어. 장대 끝에 새끼를 여러 가닥 붙여서 꼭 대걸레처럼 보이는데, 물을 묻혀서 불난 곳을 내리치며 불을 끄지. 초가집에 대부분이었던 시절에는 집집에 불끄개 두세 개씩은 갖추고 있었어.

뚫어와 불끄개는 오늘날 자취를 감추었어. 하지만 이 물건들에 담긴 이야기는 알아 두었으면 해.

짚붓

# 짚으로 만든 붓 고필

옛날에는 짚이 거의 모든 부문에서 사용되었어. 일상 용품은 물론 농사용 도구들, 민속 신앙용 물품, 부엌 용품 등 일일이 헤아릴 수조차 없이 많은 것들을 짚으로 만들었어. 그래서 어? 그런 것도 짚으로 만들었나? 하고 고개를 갸우뚱하게 하는 것들도 많아.

그중 하나가 붓이야. 붓이라고 하면 무엇보다 털 부분이 부드러워야 하는데, 짚으로 만든 붓도 매우 부드러웠어. 짚의 가장 안쪽에 고운 줄기인 홰기를 모아 만든 붓으로 고필이라고 해. 고필은 모필짐승의 털로 만든 붓보다 붓 끝이 짱짱하면서도 부드러워서 글씨가 잘 써졌어. 또 붓 자루도 단단해서 글씨가 힘 있게 써진다고 해. 이에 비해 동물의 털로 만든 붓은 모필, 대나무로 만든 것은 죽필, 가죽으로 만든 것은 혁필이라고 하고, 칡으로 만든 것은 갈필이라고 해.

짚으로 만든 붓 고필.

붓 중에 특이한 것은 태아의 머리털로 만든 태모필이야. 태아는 보통 6~9개월 정도 지나면 머리카락을 잘라 줘야 하는데, 이때 자른 머리털로 만든 붓이야. 태모필을 만들면 아이에게 가훈을 써서 선물로 주곤 했어.

풀칠하거나 기름칠할 때 사용하는 짚솔.

또 솔도 짚으로 만들었어. 크게 만든 솔은 곳곳에 쌓인 먼지를 털어내는 데 쓰고 작고 뭉툭하게 만든 솔은 김에 기름을 바를 때 사용했어. 또 벽지를 바를 때나 풀칠할 때에도 요긴하게 사용했어. 물론 벽지를 바를 땐 짚으로 작은 빗자루를 만들어서 쓰기도 했어.

오늘날 우리 주변에는 연필, 볼펜, 만년필, 색연필, 크레파스와 사인펜 등 좋은 필기구가 넘쳐나지. 또한 솔 종류도 아주 많아. 우리 조상들은 짚으로 만든 붓과 솔을 사용했다고 해.

초가집

# 이엉과 용마름

어린 시절을 떠올리면 둥그스름한 초가들이 가장 먼저 생각나. 마을에 기와집은 몇 채 없고 대부분 초가집이었어. 해마다 추수가 끝나면 지붕을 새로 올리는데, 마을 장정들이 모여 헌 지붕을 걷어 내고 새 이엉을 올리면 산뜻하니 새집이 되지.

솜씨가 좋은 사람들은 이 집 저 집 찾아다니며 지붕 작업을 하였는데, 가장 먼저 할 일은 이엉 만드는 것이야. 짚을 한 움큼씩 잡아 서로 교차하며 엮어나가는데, 두루마리처럼 말아놓았다가 지붕에 얹을 때 빙빙 돌려 펼치면 멋진 초가지붕이 되었어.

그리고 지붕의 가운데 높은 곳인 용마루에 올릴 용마름은 이엉을 양쪽으로 묶어 밑이 터진 갓처럼 연결해 나가며 만들지. 새끼를 중심으로 짚을 틀어 왼쪽에서 튼 짚은 오른쪽으로, 오른쪽에서 튼 짚은 왼쪽으로 서로 교차하며 만들어 가는데, 짚의 끝을 가지런하게 맞추는 것이 중요해. 용마름

초가(낙안읍성).

은 길이가 일정하게 유지돼야 하고 단단하게 묶어야 하므로 꽤 숙련된 사람이 맡았어. 이렇게 이엉을 올리고 용마름을 얹은 뒤 새끼줄로 단단히 잡아매 바람에 날아가지 않도록 하지.

그런데 이 과정에서 중요한 것이 물매, 즉 지붕의 경사를 잡는 일이야. 경사가 너무 급하면 바람을 많이 맞으므로 이엉이 날아갈 수 있고, 경사가 너무 완만하면 빗물이 짚 사이로 스미어 이엉이 쉽게 썩어.

초가지붕을 다 완성한 뒤에는 용마루에 올라가 오줌을 누고 내려오곤 했

1 초가(이엉). 2 초가집 이엉 올리기. 3 용마름 만들기.

어. 그렇게 하면 화재를 막을 수 있다고 했어.

이엉은 대부분 짚으로 삼지만 벼농사를 짓지 않는 산간 지방에서는 갈대나 억새 또는 삼으로 엮기도 했으며, 제주도에서는 한라산 자락의 곳곳에 자라는 '띠'로 엮었어.

그리고 낡은 이엉을 걷어낼 때 굼벵이가 꿈틀꿈틀하며 기어 나오곤 해. 느릿느릿한 동작 때문에 느려 터진 사람을 흔히 굼벵이 같다고 하는데, 굼벵이는 본래 농작물을 갉아먹어서 해를 주지만 초가에는 상관이 없어.

초가집은 이엉 속에 공기가 드나들기 때문에 여름이면 시원하고 겨울이면 보온이 잘 되어 제법 사람 사는 온기가 났지. 옛날 우리 할머니 할아버지가 나고 자란 초가집이 경제 발달과 더불어 모두 사라지고 지금은 민속 마을에나 가야 겨우 볼 수 있게 되어 아쉬워.

**용마름의 다른 말**
**용나람, 용바람, 용마람, 용모름, 용맑, 고새, 용곰새, 용구새.**

**이엉의 다른 말**
**이영, 이응, 넝, 네영, 예영, 마람, 나람, 나래, 날개, 엉개, 엉베, 노라미, 노람지, 개초, 새초.**

짚공

# 짚신 신고 짚공 차기

옛날 축구는 흥미진진했어. 언 땅이 부풀어 오르는 겨울철 텅 빈 보리밭에서 한복을 입고 짚신을 신은 채 축구를 하는데, 공은 짚으로 만든 짚공이요, 골대도 나무기둥에 새끼줄을 엮어 만들었지. 겨울철은 일이 별로 없는 농한기라서 축구를 하면서 체력도 키우고 보리밟기도 했던 거야. 보리밟기는 겨울 동안 들뜬 겉흙을 눌러 주고, 보리의 뿌리가 잘 내리도록 이른 봄에 보리 싹의 그루터기를 밟아 주는 일을 말해.

축구가 우리나라에 퍼진 것은 조선 후기에서 대한제국 시기야. 1882년, 인천 제물포에 영국의 플라잉피시라는 군함이 정박한 이후부터야. 당시 군인들이 백사장에서 차고 놀던 공을 우리나라 사람들에게 주고 갔고, 그 뒤 전국으로 퍼져 나갔지. 하지만 가죽공은 구할 수가 없으니 짚으로 공을 만들었던 거야.

그런데 사실 우리나라에도 오랜 옛날부터 축구 비슷한 운동 경기가 있었어.

옛날 사람들이 축구공 대신 차고 놀던 짚공이야.

《삼국사기》에 김유신 장군과 태종 무열왕에 오른 김춘추가 젊은 시절 축국이라는 것을 즐겼다는 내용이 나오는데, 말을 타고 공 비슷한 것을 장대로 치는 경기였어. 그 공은 가죽 주머니에 짐승 털을 채운 것이거나 돼지나 소의 오줌보에 바람을 넣은 것이었다고 추측하고 있어.

짚공보다 조금 나은 것이 돼지 오줌보 공이야. 돼지 오줌보는 잔칫날 돼지를 잡을 때나 구할 수 있었는데, 보릿대를 잘라서 오줌이 나오는 곳에 꽂고 바람을 불어넣으면 공처럼 부풀어 오르지. 이때 공기를 적당히 잘 넣어야 해. 너무 많이 넣으면 풍선처럼 가벼워지고 너무 적게 넣으면 구르지 않거든. 또 하나의 단점은 뾰족한 것에 찔리면 공이 터진다는 점이야. 돼지 오줌보 공이 터지면 고약한 냄새가 진동을 하지.

옛날 사람들이 축구공으로 사용하던 돼지 오줌보 축구공이야. 보릿대를 잘라서 대고 안에 공기를 불어넣어 축구를 했어.

    이에 비하여 짚공은 그런 염려는 없었어. 재료도 흔하니 언제든 새로 만들 수도 있고. 하지만 어쩌다 헤딩을 하면 머리가 아파서 눈물이 날 지경이었어. 돼지 오줌보로 만들었건 짚으로 만들었건 보리밭에서 날이 저물도록 축구를 하며 놀던 시절은 어땠을지 궁금해.

### 짚안경

# 함진아비는 왜 짚안경을 썼을까?

"함 사세요!"

결혼식 전날 저녁, 신부 집 골목에는 동네가 떠나가라 함 파는 소리가 요란하게 울려대곤 했어. 함은 신랑 측에서 신부 측에 보내는 상자로 신랑 사주팔자와 예물을 상징하는 청색, 홍색 비단이 각각 들어 있어.

"얼른 들어와요. 진수성찬 차렸으니."

신부 측 사람들이 유혹하지만 함을 파는 사람들은 쉽게 신부네 집으로 들어가지 않지. 한 발짝 뗄 때마다 술상 봐 와라, 돈 봉투 내놓아라, 때 아닌 떼를 쓰곤 했어. 함 값을 제대로 받아서 친구들끼리 재미있게 놀려는 거야. 서로 옥신각신하다 마침내 함이 신부네 집으로 들어설 때는 바가지를 발로 깼어. 부정한 것을 없앤다는 뜻이야.

이때 함을 짊어진 사람을 함진아비라고 해. 이 함진아비는 아무나 할 수 있는 게 아니고 덕이 있고, 아들을 낳은 사람이어야 해. 지금은 이해하기 힘들지만 옛날에는 아들만이 대를 잇는다고 생각해서 아들을 귀하게 여겼거든.

함진아비는 오징어 가면을 쓰는데, 옛날에는 얼굴을 숯으로 검게 바르고

함을 팔 때 쓰던 짚안경.

짚으로 만든 안경을 썼어. 얼굴을 검게 칠한 것은 나쁜 기운을 쫓아낸다는 의미고, 안경을 쓴 것은 어른이라는 의미야. 짚안경을 보면 아래에 길게 짚이 늘어져 있는데, 이것이 바로 수염이야. 이 수염을 표현하려고 다리가 많은 오징어를 짚 안경 대신 썼던 거야.

요새는 밤에 시끄럽게 떠든다고 민원이 발생해서 대부분 신랑이 직접 함을 메고 가곤 해. 그래서 함 파는 시끌벅적한 소리도 들리지 않고, 짚안경은 물론 오징어 가면도 보기 힘들어졌어. 새로 출발하는 신혼부부에게 축복을 전해 주던 짚안경, 덕이 있는 사람만이 썼던 그 멋진 안경을 골목에서 다시 보았으면…….

따리

# 머릿짐의 달인들

공방 대청에 앉아 새끼를 꼬고 있는데, 할머니 몇 분이 부엌을 기웃거리며 이야기 중이었어.

"저기 또개미다, 호호호."

"우리는 따뱅이라카는데예?"

"에이, 또가리지라. 뱀이 또가리 튼 것 못 봤소?"

대체 무엇을 보고 저러나 궁금해 목을 쭉 빼고 바라보니 똬리를 두고 하는 말이었어. 똬리는 옛날 여인들이 물동이를 머리에 일 때 머리 아프지 말라고 얹던 거야.

"그건 똬리입니다. 또아리를 재빨리 말해서 똬리."

꼬던 새끼를 손에 쥐고 설명을 했더니, 한 할머니가 의심쩍은 눈초리로 말했어.

"선상님도 틀렸슈. 저건 똥아리예유."

충청도 특유의 느릿한 말투를 들으니 긴가민가해졌어.

똬리가 이렇게 지방마다 다양한 이름으로 불리는 까닭은 그만큼 긴 세월 동안 사용되어 왔기 때문이야.

똬리는 짚으로 손바닥보다 크게 둥그스름히 틀어서 만드는데, 때로는 헝겊이나 두꺼운 종이를 덧대기도 했어. 이것을 얹고 물 항아리를 올리면 짚이 푹신푹신하므로 머리가 덜 아팠어. 채소 등을 가득 담은 함지박도 똬리에 얹어 날랐고, 땔감도 잘 묶어 머리에 얹어 오기도 했어.

그런데 한 번에 얹는 양이 대단히 많았어. 체구도 작은 여자들이 자신의 몸집보다 큰 짐을 거뜬히 이고 날랐던 거야. 그것도 양쪽 손은 머릿짐에 대지도 않고 노를 젓듯 휘적휘적 앞뒤로 저으며……

도대체 어디에서 그런 힘이 솟았던 것일까? 가만히 생각해 보니 똬리에 달린 끈 때문인 것 같아. 본래 끈은 중심을 잡기 위한 것이지만 끈을 이로 질끈 앙다무니 힘이 더 났던 게야. 큰 힘을 낼 때 이를 악물곤 하잖아.

똬리처럼 힘을 덜어 주는 살림살이로는 등태와 부떼가 있어. 무더운 여름날 지게를 지거나 등짐을 지다 보면 어깻죽지가 벌겋게 벗겨질 수 있는데, 이를 방지하기 위해 등에 대는 것이 등태야. 등태는 물허벅이라고 해서 물을 길어오는 바구니에 대기도 했어.

부떼는 본래 베틀을 할 때 허리를 보호하기 위하여 졸라매는 띠를 말해. 베틀의 부떼라는 데에 허리를 동여맨다고 해서 '부떼허리'라고도 하는데, 여인들이 부엌에서 일할 때 많이 썼고, 짚신이나 빗자루를 삼을 때에도 허리에 동여매곤 했어.

오늘날에는 수도꼭지만 틀면 물이 콸콸 나오고 무거운 짐을 머리에 얹어 나를 일도 거의 없으니 살기 좋아졌지. 하지만 물 항아리를 머리에 이고 동네 고샅길마을의 좁은 골목을 걷던 머릿짐의 달인들을 더이상 만날 수 없는 것은 아쉬워.

**따리의 다른 이름**

**뚜아리, 뚜와리, 또아리, 또야리, 돼리, 되리, 돼미, 또아미, 똥아리, 똥애미, 또바리, 따바리, 똬바리, 또가리, 또개미, 때가리, 따뱅이, 따빙이, 또뱅이, 따배, 따비, 또배, 따반지, 따방구, 때방구.**

## 다양한 따리의 모습

1

2

3

4

1 무거운 것을 머리에 일 때 쓰던 따리.
2 허리힘이 필요한 일을 할 때 허리에 두르던 부때.
3 물허벅에 댄 등태.
4 지게를 질 때 등 부분에 대는 등태.

시룻밑과 누룩틀
# 전통 음식이 맛있는 이유는?

옛날에는 골목만 지나가도 어느 집에 무슨 일이 있는지 알 정도였어. 특히 잔치나 제사라도 있으면 담 너머로 맛있는 냄새가 솔솔 풍겨 오곤 했어. 술도 직접 담고 떡도 직접 쪄야 하니까 몇 날 며칠을 음식 장만을 해서 냄새가 났던 거야.

떡은 시루로 쪘어. 시루는 꼭 단지처럼 생겼으나 밑은 구멍이 숭숭 뚫려

시룻밑(왼쪽)과 떡을 찔 때 쓰던 시루(오른쪽)야.
떡을 찔 때 사용했어. 시루 안에 시룻밑을 넣어 구멍을 막았어.

있어서 짚으로 엮은 시룻밑을 시루 안으로 넣어 그 구멍을 막았어. 그리고 삼베 보자기를 한 번 더 덮고 그 위에 쌀가루를 얹은 다음, 물 솥에 올려놓고 불을 때면 떡이 쪄지지.

이때 물 솥과 시루가 닿는 부분에는 밀가루를 반죽하여 붙였어. 틈새로 수증기가 새는 것을 막기 위한 것으로 이를 시룻번이라고 해. 그리고 시루 위에는 짚으로 만든 둥그런 뚜껑을 얹는데, 이는 시루방석이라고 해.

시루방석은 뚜껑인데 왜 방석이라고 하는 걸까? 떡을 찌지 않을 때에는 시루를 시루방석에 올려놓았기 때문이야. 시루가 깨지기 쉬워서 보관을 그렇게 했어.

시루방석.

그렇다면 또 하나의 의문이 생길 거야. 뚜껑이라면 솥뚜껑, 나무뚜껑 등 다른 재질로 된 것도 많은데, 왜 하필 시루에는 짚으로 짠 시루방석을 올렸을까. 여기에 우리 조상들의 지혜가 숨어 있어. 솥뚜껑이나 나무뚜껑을 올려놓으면 떡을 찔 때 나오는 수증기가 달라붙었다가 아래로 떨어지는데, 다 된 떡에 물 뿌리는 것이니 떡이 제 맛이 나지 않지. 그러나 짚으로 만든 것은 수증

칡덩굴로 만든 시룻밑.

기가 짚을 통해 밖으로 나와 고슬고슬한 떡이 되는 거야. 게다가 짚이 살균도 해 주니까 훨씬 더 맛있는 떡이 되지.

시룻밑은 삼이나 칡덩굴 껍질로도 만들었고, 수세미외를 따 아랫부분을 잘라 낸 뒤 잘 펴서 말린 뒤 씨를 빼내 만들기도 했어. 그런데 이것마저도 없을 땐 무 조각이나 호박, 채소 잎이 시룻밑을 대신하기도 했어.

또 시룻밑은 뜨거운 찌개를 상에 올릴 때 받침대로 쓰기도 했고, 술을 빚기 위한 고두밥 알갱이가 꼬들꼬들하게 된 밥을 준비할 때와 콩나물을 시루에서 기를 때 썼어. 고두밥은 쌀을 불려 시루에 넣고 쪄내는데, 이때도 쌀이 흘러내리지 않게 시룻밑으로 시루의 구멍을 막지. 또 콩나물은 콩을 불린 다음 시루에 넣어 기르는데, 역시 시룻밑을 대어 콩들이 아래로 떨어지지 않게 했어.

한편, 술을 빚을 땐 누룩틀이 필요했어. 누룩은 밀이나 보리, 쌀 등을 쪄서 곰팡이를 내게 한 것인데, 이 누룩곰팡이가 쌀이나 옥수수 등 술 재료를 발효시키면 술이 되는 거야. 누룩은 반죽을 하여 둥그렇거나 네모지게 만들어서 헛간이나 온돌에 올려놓고 곰팡이가 피도록 하는데, 이때 모양을 내는 것이 누룩틀이야.

누룩틀은 대개 통나무를 파내어 만들지만, 짚으로도 새끼를 촘촘히 꼬아 키 낮은 원통처럼 감아 만들기도 했어. 특히 짚으로 만들면 술을 발효시키는 데 도움이 되어 술맛이 더욱 좋아지기도 하지.

명절이 다가오면 구수한 떡 냄새와 달짝지근한 술 냄새가 집안 가득 휘돌곤 했는데, 지금은 어디서도 맡을 수 없는 행복한 향기였어.

누룩의 모양을 내던 누룩틀이야. 누룩의 모양도 만들고 짚으로 만들어서 발효에도 도움이 되었대.

### 용수
# 맑은 간장과 맑은 술의 비결

　옛날부터 음식 맛은 장맛이라고 하지. 간장, 된장, 고추장, 청국장 등 장은 우리 음식에 빼놓을 수 없는 천연 조미료야. 장을 만들기 위해서는 먼저 콩을 삶아 메주를 만들어야 해. 메주가 언제부터 만들어졌는지 확실치 않지만 삼국 시대 때에는 있었어. 신라 신문왕의 왕비가 폐백 신부가 시댁 어른들에게 처음 인사하는 일 때 메주를 가지고 왔다고 해.

　아무튼, 메주를 만들어서 적당한 크기로 뭉쳐 짚으로 묶어 처마 밑에 걸어 두었다가 장을 만들 때 풀어서 쓰지. 그런데 이때 메주를 묶은 짚은 장맛에 영향을 주었어. 짚이 메주의 발효를 돕는 거야. 이는 청국장을 뜰 때도 마찬가지야. 청국장은 콩을 삶아 으깬 뒤 아랫목에 두고 띄우는데, 꼭 짚 뭉치 몇 개를 꽂아 두지. 그러면 짚에서 유산균이 나와 청국장의 맛을 훨씬 감칠맛 나게 해 주는 거야.

　옛날에는 메주를 묶었던 짚을 버리지 않고 대문에 걸어 두곤 했어. '우리 집 장 담습니다.'라는 표시이기도 하거니와 중요한 장을 묶은 것이라서 함부로 버리지 않았던 거야. 메주 끈은 정월 대보름이나 손 없는 날 어떤 일을 해도 해가 없는 날. 여기서 손은 손님으로 악귀 등을 가리킨다.에 불에 태워 없앴지.

메주로 장을 만들려면 메주를 옹기에 넣은 뒤 물과 소금을 채우는데, 소금의 양이 장맛에 아주 중요해. 집집마다 고유한 배합 비율이 있어서 장맛이 다들 조금씩 차이가 나는 거야. 이렇게 준비해 두고 한 달 보름 정도 됐다가 장 가르기를 하는데, 장 가르기란 된장과 간장을 분리하는 걸 말해.

이때 필요한 것이 용수야. 대나무나 싸리나무로 둥근 원통처럼 만드는데, 짚으로도 많이 만들었어. 짚으로 만든 용수는 대오리나 싸리나무로 만든 것에 비하면 연약하지만, 짚이 발효를 돕기 때문에 장맛은 더욱 좋아지지. 용수를 장독에 푹 박아 놓으면 며칠 뒤 용수 안에 맑은 물이 고이는데, 이것을 다른 그릇에 담아. 그런 식으로 몇 번 하면 건더기와 맑은 장이 분리되는 거야. 그리고 나서 맑은 장은 솥에 달달 달이면 간장이 되고, 건더기는 옹기에 넣은 채 햇볕을 쫴 주면 굳으며 된장이 되는 거야.

용수는 술을 담글 때에도 요긴하게 썼어. 술독에 박아 두면 술찌끼들을 걸러낼 수 있기 때문이야. 용수 겉에 창호지를 바른 후 술독에 넣어 두면 아주 작은 알갱이까지 걸러지면서 술이 한결 맑아지는데, 이렇게 만든 술을 청주라고 해. 또 용수는 아이들이 냇가에 나가 물고기를 잡을 때에도 썼어. 본래 물고기를 잡는 도구인 쑤기와 비슷하기

술이나 간장을 만들 때 찌꺼기를 거르는 용수야. 간장독에 넣을 때는 뒤집어서 넣어 두는 거야. 그러면 용수 안으로 맑은 간장이 고이지.

도 하지.

그런데 이런 용수를 사형수들에게 씌우기도 해. 죄인이 사람들과 눈이 마주치지 않도록 배려해서 씌우는 것이라고 해. 서울의 서대문 형무소 역사관에는 일제 강점기 때 독립운동을 하던 분들이 썼던 용수가 전시되어 있는데, 유관순이 썼던 쇠로 된 용수는 너무 무시무시해.

유관순에게 씌웠던 쇠용수.

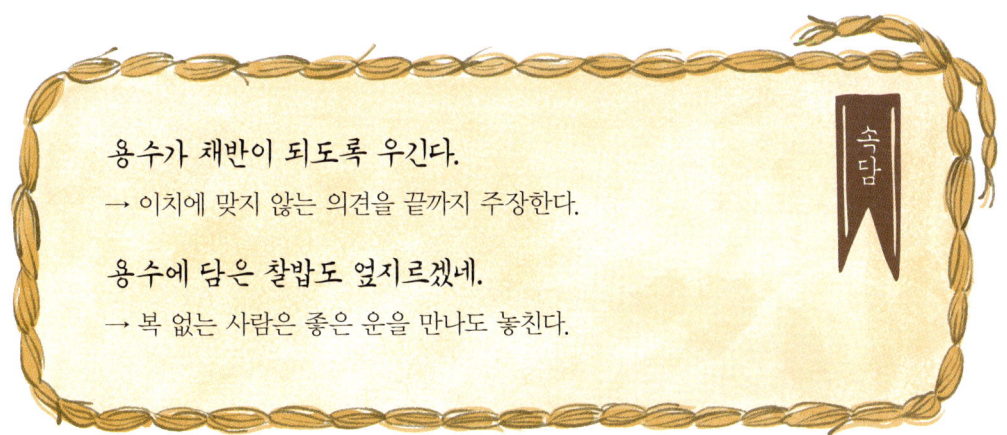

속담

용수가 채반이 되도록 우긴다.
→ 이치에 맞지 않는 의견을 끝까지 주장한다.

용수에 담은 찰밥도 엎지르겠네.
→ 복 없는 사람은 좋은 운을 만나도 놓친다.

복조리

# 복 들어갑니다!

"이 집 복 들어갑니다!"

새해가 되면 새벽에 난데없이 집 밖에서 복이 들어간다는 소리가 들리곤 했어.

"어이구, 드디어 왔구나! 얼른 복 받아야지."

아낙네는 재빨리 방문을 열고 마당으로 나서는데…….

"어? 복조리 장수는 어디 갔어?"

마당에는 복조리 묶음만 덩그러니 놓여 있는 경우도 많았어.

지난날 복조리를 파는 풍습이야. 복조리 장수는 복조리를 팔고 바로 값을 받지만, 그냥 마당에 던져 놓은 뒤 나중에 받아가기도 했어. 이때 흥정을 하긴 하지만 복을 사는 것이니만큼 웬만해선 값을 깎지 않았어.

복조리는 쌀을 씻을 때 돌을 고르는 조리에 '복(福)' 자를 붙인 거야. 조리 안에 쌀을 넣고 물에 몇 번 넣었다 뺐다 반복하면 돌이 골라져. 요즘은 기계가 좋아서 쌀에 돌이 거의 없지만, 옛날에는 수작업으로 하다 보니 쌀에 돌이 많이 들어갔었거든. 그러니 조리는 집마다 꼭 가지고 있는 필수품이라 할 수 있지. 그 조리에 '복' 자를 붙인 이유는 밥하는 데 쓰이기 때문이야. 밥 한 끼 먹기가 수월하지 않았던 가난한 사람들에게 밥은 곧 복이었어. 또한 조리는 틈새가 많은데, 이것을 눈이 많이 달렸다고 여겼어. 그 많은 눈으로 사악한 것을 물리친다고 해서 복조리라고도 하였어.

부엌에 걸려 있는 복조리.

 그런데 정초에 산 복조리가 한두 개가 아니었어. 1년 내내 쓰려고 여분까지 충분히 샀던 거야. 그 복조리들 중 상태가 좋은 것 두 개를 골라서 손잡이 부분을 엇갈리게 묶은 뒤 벽에 걸어 두었어. 그 안에는 동전이나 엿, 성냥 등을 넣어 두었는데, 이것이 진짜 복이 들어오라고 걸어 두는 복조리야.

 복조리는 대부분 대나무를 가늘게 쪼개서 엮지만, 짚으로도 많이 엮었어. 깨끗한 짚으로 만들면 황금빛이 나서 진짜 복이 들어올 것 같은 기분이 들기도 하지.

 한편, 설거지할 때에는 짚으로 만든 수세미를 사용했어. 대개 짚을 잘게 잘라 실패처럼 감아 만들었는데, 새끼줄을 둥그렇게 말아 쓰기도 했어. 둥그런 수세미로는 솥과 같이 검댕이가 많이 묻은 것을 닦을 때 썼어. 재와 모래, 기왓장 가루를 섞어서 세제로 쓰면 기름때가 묻은 놋그릇도 반짝반

가마솥의 검댕을 닦을 때 쓰던 짚수세미.

짝 윤이 나게 닦이곤 하지. 수세미는 짚 이외에도 수세미외라는 식물의 열매를 따서 속을 파낸 뒤 잘 말렸다가 쓰기도 했어.

짚은 무엇이든 잘 닦여서 화장실에 두고 화장지처럼 쓰기도 했고, 손가락에 감아 소금을 묻혀서 이를 닦기도 했어. 짚이 화장지도 되고 칫솔도 되었던 거야.

오늘날에는 인조 수세미나 화장지, 칫솔 등이 나와서 짚으로 만든 일상용품은 모두 사라졌지.

다만 새해가 되면 복조리를 찾는 사람이 변함없이 많은 것을 보면 예나 지금이나 사람들은 행복을 꿈꾼다는 것을 알 수 있어.

조리로 물푸기.
→ 헛된 일을 어리석게 한다.

조리에 옻칠한다.
→ 소용없는 일에 괜히 수고한다.
또는 격에 맞지 아니하게 꾸며 도리어 흉하다.

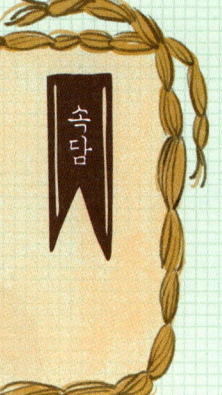
속담

조리의 다른 이름
제리, 졸뱅이, 조루, 조고리, 조래, 조래미, 조랭이, 죄리, 종오리.

복조리 ● 복 들어갑니다!

짚독

# 짚항아리를 아시나요?

항아리 하면 대부분 옹기만을 떠올리지. 하지만 짚으로도 만들었고 나무나 대나무로도 만들었어. 대나무는 가늘게 쪼개어 싸리나무와 함께 바구니 엮듯 엮었는데, 이를 채독이라고 해. 주로 감자나 고구마를 넣어 두지. 이 채독 겉에 기름종이를 바른 것은 유지독이라고 해서 마른 농산물을 넣는 데 썼어. 그리고 보통 나무로 짠 독은 주로 감자나 고구마를 넣었어.

짚으로 만든 짚독은 쌀이나 감자, 고구마 등을 넣었는데, 공기가 잘 통해서 습기가 차지 않아 신선하게 보관할 수 있었어. 짚을 둥구미 짜듯 엮어서 독처럼 배가 불룩하게 만든 뒤 입구 둘레는 약간

짚독은 공기가 잘 통하여 안에 든 것이 신선하게 오래 보관되었어. 그래서 주로 쌀과 감자, 고구마 등을 보관할 때 사용했어.

높여서 제법 독다웠어.

또 작게 만들어서 성주신을 모실 때 쓰기도 했어. 성주신은 집을 지켜 주는 신인데, 보통은 쌀을 담아 놓는 것으로 모신다고 하지. 첫 수확한 쌀은 반드시 성주신에게 먼저 바쳤고, 무슨 일이 있을 때마다 성주단지 앞에서 "잘 돌봐 주십시오." 하고 빌곤 했어.

짚독을 짜려면 먼저 새끼줄을 꼬아 날줄로 삼아 아래서부터 위로 엮어 나가야 하지. 그런데 그렇게 한 번 만에 작업이 끝나는 것은 아니야. 다 된 것에다 다시 한 번 새끼로 아래서부터 위로 엮는 거야. 이렇게 두 겹으로 짜는 것에는 '겹' 자를 붙이는데, 짚독은 대개 겹독이었어.

짚독을 겹으로 짜는 이유는 힘을 받을 수 있게 하기 위해서야. 두 번 짜면서 겉에는 왕골이나 삼 같은 재료로 무늬를 주기도 하고, 헝겊을 대어 글자나 그림도 넣었어. 짚으로 만들었다고 다 투박한 것만은 아니지. 짚공예품도 멋을 낸다면 얼마든지 낼 수 있어.

우리는 옛것을 대할 때 도자기나 금속 공예품과 같은 것은 멋있고, 짚으로 만든 것은 투박하다고 하지. 그러나 짚독을 보면 투박하면서도 멋있어. 그것이 짚풀 공예의 큰 특징이야.

김치광

# 김장 김치 저장고

김치는 예로부터 우리나라 사람들이 가장 많이 먹는 식품이야. 주로 가을에 김장을 담가서 한 해 동안 먹는데, 김장철이 되면 온 동네 사람이 함께 김장을 담가 떠들썩하곤 하지. 그때 어른들은 방금 담근 김치에 식사를 하

곤 하는데, 싱싱한 김치를 쭉쭉 찢어 먹는 맛이 일품이야.

김장을 담그면 커다란 독에 넣어 부엌 뒤란에 묻어 두었어. 이때 김칫독과 김칫독 사이는 약간 띄우고 입구가 약간 땅 위에 나오도록 묻었어. 그 위에 짚을 덮어 두거나 움집을 세워서 겨울 동안 김치가 어는 것을 막았어.

움집은 나무로 뼈대를 만든 뒤 짚을 아래로 향하게 둘레를 엮어서 원뿔 형태로 만들었어. 그렇게 해야 비나 눈이 와도 속으로 들어가지 않고 밑으로 떨어지지. 그리고 출입구는 약간 비스듬히 내어 찬바람이 들이닥치는 것을 피했어. 이것을 김치광이라고 해.

김칫독 뚜껑.

한편, 김칫독 위에도 짚으로 뚜껑을 만들어 씌우고, 주둥이 둘레의 땅도 10센티미터 정도는 짚으로 만든 덮개로 덮었어. 김치는 온도가 영상 5도 정도에서 가장 맛있다고 하는데, 아마 김치광의 온도가 그쯤 되지 않았을까 싶어.

대가족의 가정집에서는 이런 김치광보다는 살림집 부속 건물로 김치광을 짓곤 했어. 짚으로 만든 움집형 김치광은 이듬해 새로 만들어야 하나 그런 김치광은 다시 지을 필요가 없어 편리했어.

그렇다면 여름철에는 김치를 어떻게 보관하였는지 궁금할 거야. 여름에는 석정과 이중독을 사용했어. 석정은 돌우물이고, 이중독이란 어깨 부분에 물이 흐를 수 있도록 턱을 만든 독을 말해. 이중독은 주로 산과 계곡이 많은 산악 지방에서 쓰던 것으로 계곡이나 냇가에 놓으면 물이 턱 주위를 돌며 흘러 김치를 신선하게 해 주었어.

오늘날에도 늦가을이면 김장을 하는 모습을 많이 볼 수 있어. 그러나 대부분 김치 냉장고로 들어가고 김칫독에 넣어 땅속에 묻는 집은 어쩌다 가끔 있을 뿐이지.

김장 김치를 보관하던 김치광.(왼쪽)
항아리도 짚으로 보온을 한다.(오른쪽)

김치광의 다른 이름
**김치각, 김치움.**

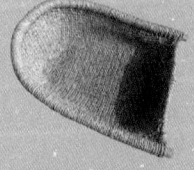

제2장

# 목숨처럼 소중한 짚풀 공예

우리 조상들은 농구를 목숨처럼 소중히 여겼어.
농사를 지어야 살 수 있었기 때문이야.
씨를 보관하던 씨오쟁이부터 거름을 주던 똥장군까지,
짚으로 만든 멋진 농구들과 가축을 위한
짚공예품을 알아보도록 하자.

씨오쟁이
# 목숨처럼 아끼던 씨오쟁이

"굶어 죽어도 씨오쟁이는 베고 죽어라."

옛 어른들은 씨를 넣어 둔 오쟁이를 목숨처럼 여겼어. 씨앗을 뿌려야 식량을 얻기 때문이지. 그래서 봄날 먹을 것이 떨어져 굶어 죽을지언정 씨오쟁이는 건드리지 말라는 속담이 생긴 거야.

오쟁이란 본래 곡식을 넣는 큰 바구니인데, 씨앗만을 넣을 수 있게 작게 만든 것이 바로 씨오쟁이야. 오쟁이보다 더 많이 담는 것으로는 가마니와 섬이 있어.

오쟁이는 옛날 거지들이 밥을 얻으러 다닐 때 들고 다니기도 해서 거지를 뜻하기도 했어. 어느 집에서는 아들을 이름 대신 오쟁이라고 부르기도 했는데, 이름이 천해야 나중에 잘 산다고 해서 바꿔 부른 거야. 개똥이, 돌쇠와 같은 이름도 그런 뜻으로 쓰이곤 했어.

씨앗을 넣던 씨오쟁이.(왼쪽)
옥수수 등 잡곡 씨앗은 조금 큰 씨오쟁이에 넣었다.(오른쪽)

 씨오쟁이는 대개 호리병처럼 목이 길고 잘록한데, 그 부분을 새끼줄로 묶어서 높은 곳에 매달아 두었어. 그렇게 하면 쥐나 해충을 방지할 수 있었어. 또 짚으로 만들어서 공기가 잘 통해 습기를 막아 주니 씨앗이 썩지도 않았어.

 한편, 네모난 바구니처럼 만든 씨오쟁이도 있었어. 양쪽에 두꺼운 멜빵을 연결해서 어깨에 멜 수 있는 것으로 옥수수 등 잡곡을 보관하는 용도로 쓰였어.

 가을에 추수하면 가장 먼저 챙긴 것도 씨오쟁이야. 다음 봄에 심을 씨앗을 골라 넣어 두는 거야. 씨앗을 보관하던 씨오쟁이는 우리 조상들이 목숨보다 소중히 여기던 짚풀 공예품이야.

> **속담**
>
> **남이 장에 가면 씨오쟁이를 들고 나선다.**
> → 주관도 없이 무작정 남을 따라 한다.
>
> **섬 틈에 오쟁이 끼겠나.**
> → 섬을 쌓고 그 사이사이에 또 오쟁이까지 끼워 둘 셈이냐는
> 뜻으로, 재산 있는 사람이 더 무섭게 재물을 아끼고 탐하는 것을 말함.

오쟁이의 다른 이름
## 오재기, 오장치, 오제기.

종다래끼
# 씨앗을 뿌릴 때 쓰던 바구니

"면화 따는 다래끼에 수수 이삭 콩 가지요."

옛날 농사를 지으며 부르던 〈농가월령가〉라는 노래에 다래끼라는 것이 나오는데, 다래끼란 입구가 좁고 바닥이 넓은 바구니를 말해. 이는 콩이나 팥, 감자 등을 심을 때 사용하는 것으로, 다래끼보다 작게 만들어 손으로 들기 편하게 한 것을 종다래끼라고 해. 종다래끼는 주로 씨를 뿌리는 데 쓰지.

씨앗을 뿌릴 때 쓰던 종다래끼.

종다래끼는 보통 바닥이 네모지나 더러는 둥글게 엮기도 했고, 대부분 짚으로 만들지만, 싸리나무나 대오리는 물론 나무덩굴을 잘라 만들기도 했어. 종다래끼는 대개 허리춤에 차고 사용하지만, 입구 안쪽에 나무를 대어 멜빵을 연결해 어깨에 메거나 배에 차고 씨앗을 뿌리기도 했어.

종다래끼는 씨앗을 뿌리지 않을 때에

는 나물을 캐 담기도 하고 고추를 따 오기도 했어. 그리고 아이들은 종다 래끼를 가지고 개울에 나가 물고기를 잡아 오기도 했어. 그래서 "물고기를 한 종다래끼 잡아서 매운탕을 해 먹고……."라는 식으로, 종다래끼를 양의 단위로 쓰기도 했어.

사각 종다래끼.

한편, 종다래끼처럼 씨앗을 뿌릴 때 사용하는 것으로는 바가지나 소쿠리, 양재기 등이 있어. 우리의 짚공예품 중에는 이처럼 대신 쓰이는 것도 많았고, 여러 가지 쓰임새를 갖춘 것도 많았어.

종다래끼의 다른 이름
**다락지, 화종종두래미, 종다래미, 씨끌메꾸리, 종다리, 종댕이.**

### 부뚜
# 쭉정이를 날려 보내는 짚자리

요즘은 농사를 기계로 지어서 추수가을에 곡식을 거두어 들이는 일도 쉬워졌지만, 예전에는 일일이 손으로 다했어. 낫으로 벼를 베고, 홀태나 태질을 하여 벼에서 알곡을 털었어. 홀태는 커다란 빗처럼 생겼는데, 볏단을 머리 빗듯 훑

어서 알곡을 털어내고, 태질은 볏단을 넓적한 돌에 내리쳐서 알곡을 털어내는 것을 말해.

그렇게 턴 알곡은 나락이라고 하는데, 여기에는 검불이나 먼지가 섞여 있기 마련이야. 이 검불이나 먼지를 제거하기 위해 키나 부뚜라는 것을 사용했어. 키는 곡식을 담아 공중에 띄웠다 받았다 반복하면서 쭉정이를 솎아냈고, 부뚜는 짚으로 자리처럼 짠 것을 양쪽에 막대를 댄 것으로 접었다 폈다 반복하며 쭉정이를 날려보냈어.

특히 부뚜는 바람이 불지 않을 때 바람을 일으켜서 쭉정이를 고르는 도구야. 양쪽 막대를 잡고 부뚜의 중간쯤을 발로 밟은 뒤 손잡이를 접었다 폈다 하면 바람이 훅, 훅, 하고 일어나지. 이때 다른 사람이 나락을 부뚜에 내리쏟으면 쭉정이는 날아가고 알곡만 아래로 떨어지는 거야.

또 부채질을 하거나 풍구라는 것을 사용해 쭉정이를 날려 보내기도 했어. 이때 쓰는 부채는 지름이 1미터나 되는 큰 부채로 부뚜부채 또는 듸림부채라고 해. 그리고 풍구는 커다란 상자처럼 생긴 것으로 양쪽에 바람구멍이 크게 나 있고 위에는 깔때기처럼 생긴 입구가 달린 도구야. 입구에 곡식을 넣고 손잡이를 돌리면 바람이 일어나 쭉정이만 날아가지.

이렇게 먼지와 검불을 제거한 나락을 방앗간에 가져가 껍질을 벗겨 내면 쌀이 되는 거야. 지금은 기계화되어 농사일이 쉬워지긴 했지만, 예나 지금이나 우리가 먹는 밥에는 농민들의 땀과 정성이 가득 담겨 있다는 것을 알아야 해.

**부뚜의 다른 이름**

**부뚝, 풍석, 북두, 붓돗, 부축.**

# 곡식과 관련된 농구들

1 쭉정이를 날려 보내던 부뚜.
2 오줌싸개가 생각나는 키.
3 곡식에서 쭉정이를 고를 때 쓰던 풍구.
4 아궁이에서 장작을 땔 때 바람을 일으키는 풍구.

부뚜 ● 쭉정이를 날려 보내는 짚자리

**삼태기**

# 땅 한 평에 삼 삼태기

"똥마려우면 집에 와서 누어라."

거름이 부족하던 시절, 어른들은 그렇게 말씀하셨어. 그래서 "밥 한 그릇은 남 주어도 거름 한 소쿠리는 남 안 준다."는 속담이 생겼지.

쌀쌀한 겨울철이면 삼태기를 들고 개똥을 주워 왔어. 그것도 남에게 빼앗

기지 않으려고 새벽 참에 나서곤 했지. 어둑어둑한 골목에서 개똥, 소똥, 닭똥에 심지어 새똥까지 똥이란 똥은 다 주워 삼태기에 담았어. 이때 쓰던 삼태기를 개똥삼태기라고 해.

이렇게 주워 온 온갖 똥들을 모아 두었다가 봄이면 아궁이에서 재를 퍼내어 섞어서 거름을 만들었어. 이를 삼태기에 담아 밭에 뿌리는데, 땅 한 평에 삼3 삼태기라고 해서 땅 한 평 정도에 삼태기에 가득 담아 세 번 뿌렸어.

채소나 감자, 고구마는 물론 거름을 담는 데 쓰는 삼태기.

삼태기는 앞은 넓게 벌어지고 양 옆은 앞에서 뒤로 갈수록 조금씩 높아지게 만들지. 뒤와 좌우 세 부분이 높다고 해서 삼태기라고 해. 대부분 짚으로 만들지만, 싸리나무나 대나무를 가늘게 쪼개어 엮어 만들기도 했어. 싸리나무로 만든 삼태기는 어랭이, 꺼랭이라고도 해. 또 밀짚으로 만들면 밀삼태라고 해.

삼태기는 고구마나 감자를 캐올 때 담기도 하고, 흙이나 쓰레기도 담아 날랐어. 또 무더운 여름철이면 삼태기를 들고 시냇가에 나가 물고기를 잡았어. 물고기가 숨을 만한 으슥한 곳에 삼태기를 들이밀고 첨벙첨벙 발로 요란을 떨다 삼태기를 들어 보면 그 안에는 싱싱한 물고기들이 펄떡 거리곤 했어. 삼태기는 또 씨앗을 뿌릴 때 쓰기도 하는데, 이때는 대개 멜빵을 이어서 어깨에 메고 한 손으로는 삼태기를 들고 뿌렸어. 이렇게 씨를 뿌릴 때 사용하는 삼태기는 씨삼태라고 해.

　삼태기는 무엇이든 담으므로 복을 담는다고도 했어. 곡식도 복이요, 개똥도 복이야. 또 황금소지출<sup>땅에서 황금을 쓸어 담는다는 뜻</sup>이라고 해서 빗자루로 마당을 쓸어 담기만 해도 복이었어. 마당의 쓰레기도 거름이 되기 때문이야.

삼태기로 앞가리기.
→ 속이 빤히 들여다보이는 일을 속여 보려고 하는 어리석은 짓.

속담

삼태기의 다른 이름
**태, 삼태미, 짚소쿠리, 속생이, 산태, 양람, 어랭이, 깨랭이.**

멱서리기

# 짚 그릇은 대기만성

"저 사람은 그릇이 커." "저 친구는 그릇이 그 정도밖에 안 돼." 등 사람을 흔히 그릇에 비유하지. 여기서 그릇은 몸이 크다는 것이 아니라 마음이 크다는 거야. 사람을 그릇으로 표현한 이유는 그릇이 다양하기 때문이고 우리의 생활과 아주 밀접하기 때문일 거야.

쌀 한 가마니를 통째로 넣었던 큰 그릇이 바로 멱서리야.

그릇은 밥그릇, 국그릇만 그릇이라고 하지는 않아. 쌀을 담아도 그릇이고 배추나 무를 담아도 그릇이야. 그리고 사기그릇이나 스테인리스 그릇처럼 물이 새지 않는 것만 그릇이라고 하지도 않아. 짚으로 만들어서 그 안에 무엇이든 담을 수 있다면 그릇이라고 해. 곧 음식을 담는 것만 그릇이 아니라 물건을 담아도 그릇이야.

약 100년 전에 만들어진 멱서리.

짚 그릇은 다른 재료로 만든 그릇보다 큰 편이야. 섬이나 가마니도 그릇이라고 하거든. 짚 그릇 중 멱서리는 쌀 한 가마니 양을 통째로 넣을 수 있는 큰 그릇으로 아래를 넓게 만들고 둘레는 높게 올린 것을 말해. 짚으로 짜서 공기가 잘 통하므로 내용물이 썩지 않았고, 사용하지 않을 땐 납작하게 눌러서 보관하므로 공간을 많이 차지하지도 않아 유용했어. 또 밑바닥 중간쯤에 고리를 만들어 적당한 곳에 걸어 둘 수도 있었어. 단지 만드는 데에는 꽤 많은 시간이 필요한데, 그래서인지 멱서리를 만들다 보면 대기만성 큰 그릇은 늦게 이루어진다는 뜻이라는 말이 저절로 떠오르곤 해.

이러한 짚 그릇들은 오늘날 오래된

### 한 말은 몇 킬로그램?

한 '말'은 18리터에 해당한다. 편의점에서 파는 큰 생수 한 병이 2리터이니 18리터면 생수 9병의 양이다. 그리고 말보다 작은 단위는 '되'로 10되가 한 말이 된다.

멱서리 ● 짚 그릇은 대기만성

것이 거의 남아 있지 않아. 짚으로 만들었기 때문에 낡으면 버렸기 때문이야. 그런데 100년도 더 된 멱서리가 우리 집에서 나왔어. 헛간을 정리하다 할아버지의 아버지가 만든 것으로 보이는 것을 찾아냈는데, 지금도 사용할 수 있을 정도로 보관 상태도 좋고 엮은 솜씨도 좋아.

어떤 일이든 실력이 금방 늘지는 않아. 멍석이나 멱서리를 짜듯 차근차근히 하다 보면 언젠가는 실력이 부쩍 늘게 되지. 지금부터라도 조금씩 익힌다면 언젠가는 대기만성을 이룰 수 있을 거야.

멱서리의 다른 이름
**멱, 멱구리, 멱사리, 멱다리, 멱대기, 멱드리, 부게, 구멱어리.**

둥구미

# 고운 사람은 멱 씌워도 곱다?

둥구미는 멱서리보다 작은 그릇이야. 보통 머리에 이거나 들어서 옮길 수 있을 정도의 크기로 짜는데, 2~3말에서 5말쯤을 담을 수 있어. 앞에서 한 말이 18리터라고 한 것 기억나지? 그러니까 5말은 90리터 정도 되겠다. 주로 콩이나 팥과 같은 곡식과 채소 등을 담는 데 쓰여.

둥구미는 멱서리를 짜듯 엮는데, 울속이 비고 위가 트인 물건의 가를 둘러싼 부분을 깊게 만드는 것이 특징이야. 전체가 둥글어서 둥구미라고 하고, 멱서리 짜듯

둥그런 바구니를 둥구미라고 해. 주로 콩과 팥 같은 곡식과 채소를 담았어.

엮기 때문에 멱둥구미라고도 해. 가끔 둘레에는 싸리나무나 다른 풀을 넣어서 무늬나 색깔을 내기도 하고, 굽은 나무를 손잡이로 붙이기도 했어.

우리나라 속담에 "고운 사람은 멱 씌어도 곱다."는 말이 있는데, 여기서 멱은 멱서리나 멱둥구미를 말하는 거야. 이 속담은 한 번 좋게 본 사람은 그 사람의 모든 행동이 다 좋게만 보이는 것을 뜻해. 또 둥구미는 사람이 머리에 쓸 정도로 크기가 넉넉하다는 것을 알 수 있는 속담이야.

한편, 눈이 왔을 때 신는 신도 둥구미라고 하는데, 울이 높은 것이 짚 그릇 둥구미와 같아서 붙여진 이름이야. 장화처럼 발목까지 쑥 들어가도록 크게 만드는 눈신은 짚신이나 다른 신을 신은 채로 신었어. 눈신은 짚 자체가 미끄럼을 막아 주고 발을 따뜻하게 해 주기도 했어.

눈 오는 겨울에 신던 둥구미.

둥구미의 다른 이름

**멱둥구미, 둥구니, 둥구먹, 둥게미, 둥구아리, 멱구리, 두꾸머리, 멱동구미.**

섬과 가마니

# 섬은 우리 것, 가마니는 일본 것

텔레비전 사극을 볼 때는 짚공예품을 유심히 보는데, 잘못된 게 많아. 짚신도 이상하고 새끼가 아니라 나일론 노끈도 자주 눈에 띄지. 가장 이상한 것은 가마니야. 곳간이나 장터에 가마니를 쌓아둔 것이 눈에 들어오는데, 조선 시대에는 가마니가 없었어. 가마니와 비슷한 섬이라는 것이 있었지.

섬은 짚으로 두꺼운 자리처럼 짜서 포개어 가장자리를 꿰매 만드는데, 가마니에 비해 엉성하여 쌀을 넣기에는 적당하지 않았어. 쌀이 짚 사이사이로 빠져나왔기 때문이야. 그래서 나락이나 알곡이 큰 콩 같은 잡곡을 주로 넣었어. 또 만들 때 짚이 많이 들어가고, 상당히 많이 담아서 무거웠어.

섬은 오랜 옛날부터 우리 조

섬은 엉성하게 짜기 때문에 쌀보다는 알곡이 큰 콩 등을 담았어. 그리고 크기는 가마니의 두 배쯤 돼.

섬과 가마니 ● 섬은 우리 것, 가마니는 일본 것   105

가마니는 본래 일본에서 도입된 것이다.(왼쪽)
가마니틀.(오른쪽)

상들이 써 온 것이라서 재미난 이야기도 많이 전해져. 정월 대보름 전날 점을 쳐 보고 한 해 운수가 나쁠 것 같으면 섬에 모래와 밥, 동전 등을 넣어 개천에 던졌어. 그렇게 해 놓으면 사람들이 징검다리처럼 섬을 밟고 개천을 건너는데, 그때 액땜을 한다고 믿었어. 섬 안에 든 동전은 동네 아이들이 꺼내어 엿이나 과자를 사 먹었어.

이러한 섬이 사라진 것은 일본에서 가마니가 들어오고 나서부터야. 기록을 보니 1909년 처음으로 545대의 가마니가 수입되었대. 그때는 '가마쓰'라고 하던 것이 이후 가마니로 변하였어. 가마니는 섬에 비해 날과 날 사이가 촘촘히 만들어져서 쌀을 담기에 적당하지. 게다가 가득 담으면 80킬로그램으로 섬의 절반밖에 안 되어 어른이라면 지게

**석과 섬의 차이는?**

'섬'은 한 말의 열 곱절을 말하는데, '석'도 같은 말이다. 옛날에 부자를 흔히 천석꾼, 만석꾼 등으로 불렀는데, 이는 한 해 농사로 쌀 천 석, 만 석을 얻는 부자를 이르는 말이다.

로 거뜬히 나를 수 있었어. 이러니 섬이 사라질 수밖에 없었어.

그러나 이 가마니마저도 경제 발전과 함께 사라져갔어. 단단하고 질긴 종이 자루가 가마니를 대신하고 있지. 드라마를 보면서 섬은 우리 것, 가마니는 일본 것 하고 혀를 끌끌 찼지만, 이제는 가마니라도 볼 수 있어 다행인가. 그래도 섬은 우리 것, 가마니는 일본 것이지.

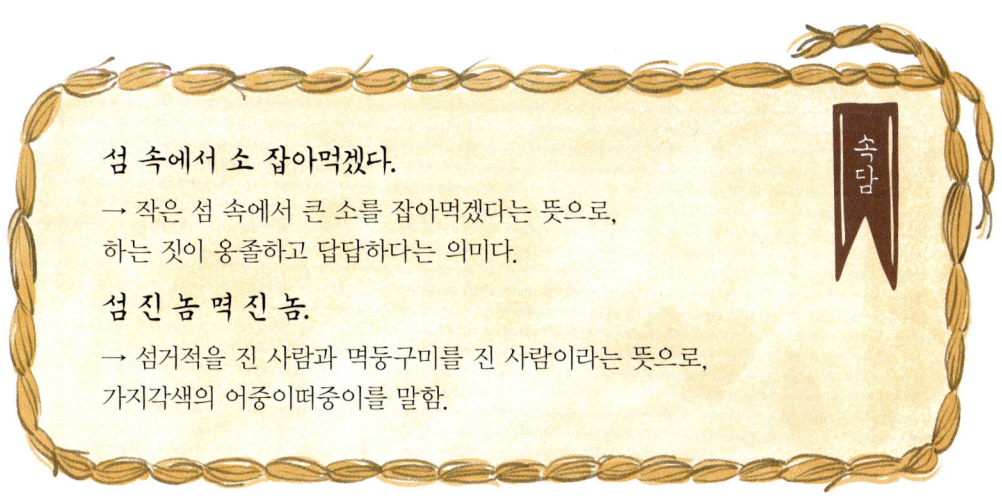

**섬 속에서 소 잡아먹겠다.**
→ 작은 섬 속에서 큰 소를 잡아먹겠다는 뜻으로, 하는 짓이 옹졸하고 답답하다는 의미다.

**섬 진 놈 멱 진 놈.**
→ 섬거적을 진 사람과 멱둥구미를 진 사람이라는 뜻으로, 가지각색의 어중이떠중이를 말함.

나락뒤주

# 바라만 봐도 즐거웠던 나락뒤주

가을에 추수를 하면 곡식이 많아져서 곳간이 비좁아지지. 이때 마당 한 켠에 임시로 창고를 만들어야 하는데, 짚으로 둥그런 원통처럼 만들어서 나락을 넣어 두고 위에는 짚주저리를 씌워 비나 눈을 피하게 한 것이 나락뒤주야.

임시 창고 나락뒤주.

뒤주 하면 사도세자 조선 영조 임금의 아들로 뒤주에 갇혀 죽었음 이야기가 떠오를 거야. 하지만 그 뒤주와 나락뒤주는 많이 달라. 사도세자가 갇혔던 뒤주는 나무로 궤짝처럼 만들어서 쌀을 넣어 두는 저장고야. 아래 네 귀퉁이에는 짧은 다리를 붙여서 밑에서 올라오는 습기를 막지.

나락뒤주에는 보통 나락 열 섬 정도가 들어갔어. 하지만 수십 섬이

들어갈 정도로 크게 만들기도 했고, 한두 섬 정도 들어가게 작게 만들어서 잡곡을 넣기도 했어. 따라서 나락뒤주만 봐도 그 집이 넉넉한지 아닌지를 알 수 있었어.

### 쌀 한 석은 몇 킬로그램?

옛날 기준으로 논 한 마지기(평균 200평)에 나오는 쌀이 1석이다. 1석은 두 가마니, 곧 160킬로그램이다.

그런데 노총각이 사는 집에서는 나락뒤주를 생각보다 크게 만들기도 했어. "뭐하려고 나락뒤주를 이렇게 크게 만들었어?" 남 속사정도 모르고 그렇게 묻는 사람도 있지만, 이웃들은 다 알고 있었지. 나락뒤주라도 크게 지어야 중매쟁이가 이 집 괜찮게 사네, 라며 좋은 신붓감을 소개해 주었거든.

쌀이 떨어질 것 같으면 나락뒤주에서 나락을 꺼내 방앗간에서 찧어 쌀을 마련해 왔어. 보통 봄이면 나락은 모두 사라지고 나락뒤주는 텅 비게 되지. 그러면 나락뒤주를 철거해서 땔감이나 퇴비로 썼어. 추운 겨울 마당에 서 있는 나락뒤주만 바라바도 왠지 따뜻해지던, 그 시절에는 그랬어.

나락뒤주의 다른 이름
**나락두지, 두대통, 볏두지, 둑집.**

똥장군

# 똥이 더러우면 밥은 어찌 먹느냐?

농사철이 되면 농부들은 동이 터 오는 이른 새벽부터 일어나 일을 했어. 먼저 밭에 거름을 주기 위해 화장실에서 커다랗고 둥그스름한 항아리를 꺼내 지게에 지고 밭으로 가는데, 이것이 바로 똥장군이야.

깨지도 않고 비틀리지도 않는 짚장군.

간장이나 술 등을 넣는 장군.
겉에 새끼줄을 대어 깨지는 것을 방지했다.

"아이고 냄새야!"

아침밥을 먹기 전에 그 일을 하면 똥 냄새가 온 집 안에 퍼져서 아이들은 투덜대기 마련이지. 그 말을 들은 어른들은 근엄하게 꾸짖곤 하지.

"똥이 더러우냐? 그러면 밥은 어찌 먹느냐? 똥이 있어야 농사를 짓는 것이다."

장군은 원통처럼 생긴 항아리로 위쪽에 주둥이가 달려 있어. 보통 간장이나 술을 넣는데, 똥오줌을 넣으면 똥장군이라고 해. 장군은 대부분 옹기로 만들지만, 나무로 만들기도 했어. 나무장군은 주로 물을 넣는 데 사용했어.

그런데 옹기는 깨지기가 쉽고, 나무장군은 겨울철이 지나면 바짝 말라서 비틀어지기 일쑤였어. 그래서 만들어진 것이 짚 장군이야. 짚으로 장군을 만들면 액체를 어떻게 담을까 하는 의문이 생길 거야. 처음에는 사방으로 액체가 나오지만 자꾸 쓰다 보면 구멍들이 똥으로 모두 막혀서 한 방울도 새지 않게 돼. 게다가 짚이 똥오줌이 발효되는 것을 도와주니 더욱 진한 거름이 되곤 했어.

어느 해인가 서울에 갔더니 어디선가 이상한 소리가 들려왔어.

"똥퍼!"

혹시 누군가가 똥장군을 짊어지고 온 것일까. 그런 기대에 밖으로 나가니 작업복을 입은 남자가 어깨에 똥바가지를 짊어진 채 골목 위로 올라가고 있었어. 똥을 치워 주던 '똥퍼 아저씨'였어. 농촌에서는 귀한 똥오줌이 도시에서는 처치 곤란한 것이 되어 대신 치워 주는 사람이 나타났던 거야.

요즘에는 정화조 청소라고 해서 커다란 차가 와서 분뇨를 거둬가는데, 옛날에 비해 깔끔하면서도 위생적으로 처리하고 있는 것 같아. 하지만 짚장군을 보면 똥도 귀하게 여겼던 옛날이 생각나곤 해.

옹기로 된 장군과 장군지게.

태
# 참새야, 우리 논엔 오지 마라!

추수할 때가 가까워지면 농부들은 속이 타들어 가지. 참새 떼가 이 논 저 밭 쪼르르 몰려다니며 곡식을 쪼아대기 때문이야. 이 녀석들! 하고 몇 걸음 쫓아가며 윽박지르지만, 참새들은 신경도 쓰지 않고 곡식을 쪼기 바빠.

이럴 때 요긴하게 쓰는 것이 태였어. 태는 2~3미터 정도로 길게 꼰 새끼를 막대에 연결한 것으로, 모양이 채찍처럼 생겼어. 새끼줄 중간 부분은 두툼하게 엮고 끝 부분에는 삼 껍질을 이었는데, 막대를 잡고 빙글빙글 돌리다가 반대편 땅에 줄 끝을 세게 내리치면 땅! 하며 큰 소리가 나지. 그 소리에 참새들이 놀라 달아났어.

　태는 정월 대보름 전날 아침에 풍년을 기원하며 쓰기도 했어. 마당에 태를 치며 "후여, 후여! 윗녘 새야, 후여! 우리 논에 오지 마라."라고 주문을 외우면 그 해에는 새로 인한 피해가 줄어든다고 믿었어.

소리로 동물들을 쫓아내던 태.

태는 오랜 옛날부터 썼던 것으로 재미난 이야기도 전해져. '고수레'라는 게 있는데, 산이나 들에서 음식을 먹을 때나 무당이 굿을 할 때, 귀신에게 먼저 바친다는 뜻으로 음식을 조금 떼어 던지는 일을 말해. 옛날에 농부들이 새참을 먹으며 고수레, 하며 음식을 약간 떼어 풀밭에 던져 놓았는데, 그날 저녁 도깨비들이 서로 먹겠다고 다투었어. 모두 양보심이라고는 눈곱만큼도 없었어. 그러자 한 도깨비가 어디선가 태를 가져오더니 땅! 하고 내리쳤어. 엄청나게 큰 소리에 놀란 도깨비들은 왼쪽 팔과 왼쪽 다리가 잘리며 모두 사라졌고 그 도깨비가 음식을 독차지했어.

여기에서 왼쪽 팔과 왼쪽 다리가 잘린 이유는 태를 만들 때 왼쪽으로 꼰 새끼를 사용했기 때문이야. 보통 새끼는 오른쪽으로 감아가며 꼬는데, 이것을 반대로 꼬는 것이 왼새끼야. 왼새끼는 부정한 것을 막는다고 하는데, 금줄도 왼새끼로 만들지. 이렇게 왼새끼로 만든 태를 쳐서 도깨비들이 왼쪽 팔과 왼쪽 다리가 잘렸던 거야.

태는 예전에 널리 쓰였다는 증거도 많아. 태질과 태형이 바로 태에서 유래한 말이야. 태질이란 추수할 때 커다란 돌에 볏단을 내리치는 것을 말해. 곧 벼에서 나락을 털어내는 방법이야. 그리고 태형은 옛날 죄인에게 곤장을 때리는 형벌을 말해. 곤장으로 엉덩이를 치는 것이 꼭 태를 내리치는 것 같다고 해서 태형이라고 했어.

한편, 흘러간 가요 〈번지 없는 주막〉에는 "능수버들 태질하는 창살에 기대어……."라는 노랫말이 나와. 강가에 서 있는 능수버들이 바람이 불 때마다 가지를 바닥에 내리치는 데, 그것을 태질한다고 표현한 거야.

이 밖에도 새를 쫓는 것으로 물풀매와 팡개가 있어. 물풀매는 새끼로 두 줄을 만들어서 가운데에 우묵한 천을 댄 뒤 그 위에 돌을 얹어 던지는 도구야. 그리고

태.

팡개는 대나무를 60센티미터 정도 길이로 자른 후 한 쪽 끝을 열 십 자 모양으로 쪼갠 도구야.

팡개를 진흙에 푹 박으면 쪼개진 부분에 진흙이 잔뜩 끼는데, 그것을 새나 동물에게 던져서 새를 쫓았어. 흔히 바닥에 물건을 내동댕이치는 것을 팽개친다고 하는데, 바로 팡개에서 온 말이야.

요즘도 추수철이 되면 참새는 끊임없이 날아들고 있어. 한 알의 알곡이라도 더 지키려고 만들었던 태와 물풀매, 팡개는 지금 어디에 팽개쳐져 있는 걸까.

태의 다른 이름
**돼기, 되기, 파대, 딸기, 때기, 뛰애기.**

외형마름

# 짚으로 해충 박멸

"엄마, 저게 뭐야?"

한 아이가 가로수를 바라보며 엄마에게 물었어. 가로수에는 아이의 키 높이 정도에 짚이 두툼하게 감겨 있었어.

"나무 옷이야. 겨울이니까 얼어 죽지 말라고."

엄마의 설명에 아이는 나무에게 물었어.

"나무야, 따뜻해?"

일부만 겨우 덮었는데, 과연 따뜻할까? 아이는 안타까웠어. 추운 겨울인데 나무는 팬티만 입고 있는 것이었으니까.

밭 가장자리에 둘러서 해충을 막았던 외형마름.(왼쪽)
겨울에 해충을 잡기 위한 잠복소.(오른쪽)

그것은 나무 옷이 아니라 나무에 사는 해충을 모으는 잠복소야. 나무에 사는 해충들은 겨울이 되면 따뜻한 곳에 숨지. 잠복소를 설치하면 짚이 보온을 해 주니 해충들이 기어들어가 잠복하는 거야. 이른 봄에 벗겨서 불에 태우면 해충은 박멸되고, 나무는 더욱 푸르게 자라게 되지.

나무 보온짚.

얼마 전 뉴스를 보니 잠복소가 그다지 효과가 없다고 하던데, 너무 늦게 벗겨내면 해충들이 다 빠져나가서 그래. 보통 3월 초 꽃샘추위가 올락 말락 할 때 벗겨내면 효과가 높지.

잠복소는 나무에 감지만 밭 가장자리에 길게 두르는 것은 외형마름이라고 해. 외형마름을 밭 주변에 빙 둘러 놓으면 밭을 오가는 해충들이 자기 집인 줄 알고 안에 들어가 숨는 거야. 이른 봄에 외형마름을 설치하고 그렇게 몇 달 동안 두었다가 걷어서 태워 버리면 그 안에 있던 해충들을 죽일 수 있는 거야.

요즘 농부들은 농약을 쓰지. 농약은 토양을 오염시키고 지하수를 먹을 수 없게 만들어서 우리의 삶을 위협하기도 하지. 외형마름으로 해충을 막았던 우리 조상들의 지혜를 되살리는 것은 어떨까.

언치

# 소등에 얹는 담요

"생구 담요 갖다 줘야겠다."

예전에는 소를 '생구'라고 해서 하인이나 머슴 대접을 했어. 이에 비해 가족은 식구라고 하지. 소는 일도 잘하고 그 자체가 큰 재산이기 때문이야. 보통 소 한 마리는 어른 일곱 명 분의 일을 해. 그런데 무슨 담요를 소에게 준다는 것이지?

소 담요란 소의 등에 얹는 언치를 말해. 소가 짐을 등에 실을 때 길마를 얹는데, 언치란 바로 길마 아래에 까는 물건이야. 소 등 아프지 않게 방석을 깔아두는 것이지. 언치를 두르면 겨울에는 한결 따뜻하니까 담요이기도 해.

언치는 짚으로 도롱이를 엮듯 만드는데, 윗부분은 빗물이 잘 빠지도록 경사를 주고 아랫부분은 갈대꽃을 붙여 따뜻하게 보온을 해 주지. 특히 추운 겨울 소가 콧물을 질질 흘리면 힘을 쓰지 못하므로 언

소 등에 얹는 언치와 길마.

치를 소의 등에 얹고 삼 줄기로 단단히 묶어 주곤 했어.

언치는 길마를 소 등에 앉힐 때 쓰는 방석이지만 사람이 소를 타면 사람용 방석이야. 그래서 조선 시대 사람인 정철은 이런 시를 남겼어.

---

재 너머 성 권농의 집 술 익었다는 말 어제 듣고
누운 소 발로 박차 언치 놓아 지즐 타고
아이야 네 권농 계시냐 정 좌수 왔다 여쭈어라

---

술과 친구를 좋아했던 정철이 친구 집에 술이 익었다는 이야기를 듣고 잠자는 소를 깨워 언치를 얹어 타고 갔다는 내용을 담고 있다.

소에는 언치 이외에도 여러 가지 장치가 얹히곤 해. 특히 소달구지를 연결하려면 소의 목에 긴 막대를 걸고 달구지의 앞부분을 연결해야 하는데, 이때 소의 목에 거는 막대를 멍에라고 해. 멍에를 씌우면 힘든 노동을 해야 하기 때문에 힘겨운 인생살이를 멍에로 비유하게 되었지. 그리고 멍에를 씌운 다음 머리와 목에 고삐를 매야 하는데, 이때 매는 줄은 굴레라고 해. 굴레 역시

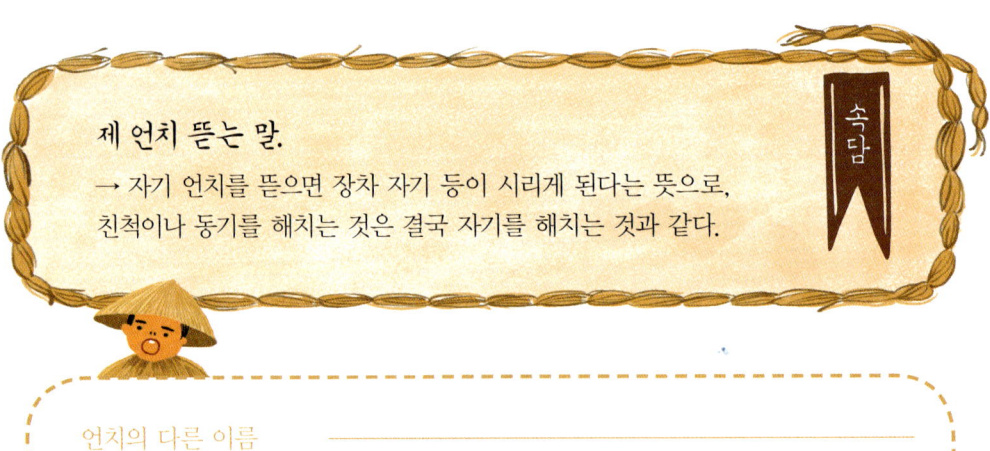

어려움에 얽매인 것을 뜻하게 되었어.

달구지가 없으면 길마 위에 짐을 실을 수 있도록 커다란 틀을 만들어 올리는데, 이를 걸채라고 해. 걸채는 나무 기둥으로 사각형의 틀을 만든 뒤 이를 다시 세 부분으로 나누어 양쪽에는 거적과 같은 것을 대고 중간은 길마 위에 얹도록 한 거야. 양쪽에 설치된 거적은 나무 기둥에 새끼줄로 단단히 고정되어 있는데, 이 부분에 볏단을 차곡차곡 쌓아서 나르곤 했어. 또 옹구라고 해서 커다랗게 얼기설기 짠 망태를 걸채에 얹어 짐을 나르기도 하는데, 옹구에는 볏단뿐만 아니라 나뭇짐, 소꼴, 농작물 등과 같이 부피가 큰 짐을 넣어 실어 나르기도 했어.

**속담**

**제 언치 뜯는 말.**
→ 자기 언치를 뜯으면 장차 자기 등이 시리게 된다는 뜻으로, 친척이나 동기를 해치는 것은 결국 자기를 해치는 것과 같다.

언치의 다른 이름
**반언치, 갓언치(가죽언치), 얼치, 어치.**

### 쇠짚신
# 짚신을 신은 소

　권율 장군이 사윗감을 고를 때 이항복이 어떨까, 하여 이항복이 공부하는 서당을 찾아갔어. 권율 장군이 이항복을 불러내 물었어.

　"네 소원이 무엇이냐?"

　앞으로 무엇이 되고 싶은지 알고 싶었던 거야. 그런데 이항복은 엉뚱하게 대답했어.

　"다른 소원은 없고 쇠짚신이나 있었으면 합니다."

　"그걸 어디에 쓰려고?"

　권율 장군은 궁금해 물었어.

　"대감 입에 집어넣어서 입 좀 다물게 하려고요."

　이 이야기는 남의 소원을 안다는 것이 무슨 의미가 있으며, 안다고 한들 소원을 들어줄 리도 없으니 아무짝에도 쓸모없는 짓이라는 뜻이 들어 있어. 이항복은 이덕형과 함께 '오성과 한음'이라고 해서 재미난 이야기를 많이 남겼는데, 위와 같은 일화는 아마도 훗날 다른 사람이 지어낸 것이 아닌가 싶어.

　여기에 등장하는 쇠짚신이란 소가 신는 짚신을 말해. 소는 재산이라 애

쇠짚신.(왼쪽) 소똥받이(오른쪽)

지중지했는데, 발이 아플까 봐 짚신까지 만들어 신게 한 거야.

  쇠짚신은 새끼를 꼬아 날로 삼아 소의 발굽 크기보다 조금 더 크게 짚으로 두툼하게 만들어서 바닥을 삼고, 소 발굽의 갈라진 사이에 걸칠 수 있는 끈을 달아서 소 발목에 묶어 신겼어. 물론 소는 다리가 네 개이니 짚신도 네 개가 한 벌이지. 쇠짚신은 소가 일을 할 때도 신겼고, 추운 날에도 신겼어.

  이 밖에도 소의 등을 긁어주기 위해 등솔이나 소등긁개도 만들었으며, 외출할 때에는 소의 엉덩이에 대는 똥받이도 만들었어. 똥받이는 길을 더럽히는 것도 막았고 거름으로 쓸 소똥을 수거하는 역할도 했어.

소등긁개.

오늘날 쇠짚신이나 소등긁개 등은 보기 힘들어졌어. 소 대신 경운기나 트랙터가 소를 대신하기 때문이야. 기계를 볼 때마다 이른 새벽에 쇠짚신 신고 딸랑딸랑 방울을 흔들며 일하러 가던 황소를 떠올려 봐.

소 방울.

쇠짚신의 다른 이름
**소짚신, 우비, 소신, 찍신.**

쇠짚신 ● 짚신을 신은 소    125

### 부리망

# 소의 입에 씌운 마스크

 소 하면 떠오르는 게 코뚜레야. 소는 덩치가 커서 코뚜레를 만들지 않으면 다루기가 힘든데, 보통 태어난 지 6개월에서 10개월쯤 되었을 때 코를 뚫지. 노간주나무와 같은 단단한 나무의 줄기를 잘라 불에 둥글게 휜 후 코를 뚫어서 끼우지. 소의 입장에서는 정말 힘든 일이었을 거야. 잘 뛰어놀다 코뚜레를 하면 일주일 정도는 음메! 하고 울음소리를 내는데 마음이 안 쓰러워지곤 하지.

코뚜레.

 소가 자라면 코뚜레도 알맞은 것으로 교체해야 해. 그런데 코뚜레를 다시 해 줄 때에도 음메! 하며 울음소리를 내곤 해. 한편, 지난 코뚜레는 버리지 않고 대문이나 방문 위에 걸어 놓았어. 코뚜레가 악귀를 막고 복을 가져다준다고 믿었기 때문이야. 요즘도 식당에 가면 출입구 위쪽에 코뚜레를 걸어 놓은 것을 가끔 볼 수가 있지.

 또 소의 입에는 새끼줄이나 삼줄로 얼기

설기 엮은 마스크를 띄우는데, 밭에서 일할 때 풀이나 곡물의 줄기를 먹지 못하게 하려고 만드는 것으로 부리망이라고 해. 부리망을 씌우면 소가 한눈을 팔지 않고 일에 집중하지. 평생을 주인과 함께 농사를 지어 온 소들은 굳이 코뚜레를 당기지 않아도, 또 부리망을 씌우지 않아도 주인 말을 다 알아듣는다고 해.

부리망.

옛날에는 어느 집이나 소를 키웠지만, 요즘엔 시골에서도 소를 보기가 어려워졌어. 외양간으로 쓰던 곳에는 경운기가 턱 하니 버티고 있고, 소에게 씌웠던 부리망과 코뚜레, 그리고 멍에와 같은 것들은 차마 버리지 못하고 경운기가 선 뒤 쪽에 장식품처럼 매달려 있어. 소가 없는 농가는 도무지 상상도 할 수 없었는데, 이제는 소와 함께 일하던 기억조차 희미해지고 있어.

부리망의 다른 말
**머구리, 꾸레미, 머그레, 망울, 입의망, 입멍.**

코뚜레의 다른 말
**굽뚜레, 구뚜라미, 군둘레, 어슬기.**

### 닭둥우리

# 닭둥우리에 달걀을 넣어 두는 이유는?

닭둥우리는 짚으로 바구니 비슷하게 만들어서 양쪽에 줄을 달아 헛간의 추녀 밑에 매달아 두는 것으로 닭이 올라가 알을 낳거나 잠을 자는 닭 둥지야. 높은 곳에 매달아 두는 것은 닭이 본래 날짐승이기 때문이기도 하고, 족제비가 닭을 물어가는 것을 막기 위해서이기도 해.

그런데 이 닭둥우리에는 항상 한 개 이상의 달걀을 넣어 두어야 했어. 그렇게 해야 암탉이 그곳이 알을 낳는 곳인 줄 알고 알을 낳았어.

닭이 많으면 대나무를 쪼개 둥그스름하게 엮은 후 옆에 문을 내고 높은 곳에 설치한 뒤 장대 두어 개를 문까지 연결해 만들었는데, 이것은 장태라고 해. 장태 위에는 용마름을 얹어서 안은 아늑한 닭집이 되지. 닭이 마당에서 실컷 모이를 쪼아 먹다가 쉴 때나 잠을 잘 때에는 장대를 타고 올라가 장태 속으로 들어가

닭둥우리.(왼쪽)
날짐승의 특성을 이용해 닭을 키우는 장태.(오른쪽)

는 거야. 장태 역시 날짐승의 본능을 이용해 만든 거야.

장태는 옛날 동학 동민 운동이 일어났을 때 동학군들이 방패로도 썼어. 동학 농민 운동은 조선 고종 31년(1894)에 전라도의 전봉준 등을 지도자로 동학도와 농민들이 합세하여 일으킨 농민 운동이지. 고부 군수 조병갑의 횡포와 착취에 대한 항거에서 발단한 농민들의 혁명이야.

이때 전남 장성의 황룡촌에서 벌인 관군과의 전투에서 커다란 장태를 만들어 안에 짚을 가득 채운 뒤 방어벽으로 사용했는데, 관군이 아무리 총을 쏘아도 끄떡도 하지 않았어. 당시 장태 안에는 30명이나 되는 동학군이 들어갈 수 있었다고 하니, 얼마나 크게 만들었는지 상상이 가지 않을 정도야. 이것을 장태 전투라고 하는데, 그리스 신화에 나오는 트로이의 목마 이야기하고 비슷해. 트로이 전쟁에서는 목마 안에 장수들이 숨어 있었잖아.

한편, 달걀은 달걀 망태에 넣어 보관했어. 망태라는 이름이 붙긴 했지만,

일반적인 망태와는 형태가 달라. 새끼와 짚을 이용해 바구니처럼 짜다 윗부분까지 덮고, 옆에 어른 손 정도가 들어갈 수 있게 구멍을 내어 달걀을 넣었는데, 위에는 고리를 달아 높은 곳에 달아둘 수 있지.

달걀 망태는 부엌에 걸어 놓고 필요할 때마다 한 알씩 꺼내서 썼어. 짚으로 만들어서 달걀이 깨지지도 않거니와 통풍이 잘 되어 오래 보관할 수 있었어. 그래서 달걀 이외에도 상하기 쉬운 음식물을 넣어 두기도 했어.

양계장의 위생 상태가 어쩌느니, 조류 독감이 어쩌느니 하는 뉴스가 들릴 때면, 장태와 닭둥우리에서 들리던 건강한 닭 울음소리가 유난히 생각나지.

"꼬끼오!"

달걀을 넣어 보관하던 달걀 망태야.

닭둥우리의 다른 이름
**닥으둥지, 닥텅에.**

달걀꾸러미
# 설날 최고의 선물은 달걀

조선 시대 최고의 청백리이자 재상으로 유명한 황희 정승은 높은 벼슬을 살았으나 청빈하여 늘 가난하게 살았어. 초가집은 비가 오면 줄줄 샜고, 쌀독에는 쌀이 떨어지곤 했어.

"음, 도울 방법이 없을까?"

임금님은 황희 정승을 도와주려고 늘 고민했어. 그러던 어느 날 갑자기 좋은 생각이 떠올랐어.

"여봐라. 내일 하루 동안 남대문을 드나드는 물건을 몽땅 사서 황희 정승에게 주도록 하여라."

남대문을 드나드는 모든 물건을 다 주겠다는 생각을 한 거야.

하지만 문제가 생기고 말았어. 다음 날 아침부터 비가 주룩주룩 내리는 거야. 그러니 성문을 오가는 사람도 없었고, 거의 성문을 닫을 무렵에 한 시골 노인이 달걀 한 꾸러미를 들고 남대문을 들어갔어. 결국 황희 정승에게는 달걀 한 꾸러미밖에 줄 수가 없었어.

그러나 황희 정승은 그마저도 받으려고 하지 않았어.

"이유 없이 이런 물건을 받다니, 그것은 안 될 일이오."

달걀을 묶은 달걀꾸러미.

하지만 임금님이 내리는 물건이니 어쩔 수 없이 받았어.

그날 저녁 늦게까지 책을 읽던 황희 정승은 배가 출출해지자 아까 받은 달걀이 생각나 달걀을 삶았어. 그러나 하나도 먹을 수가 없었어. 달걀은 곧 병아리가 되려고 한 모양인지 뼈가 있어서 먹을 수가 없었던 거야. 달걀유골, 즉 달걀에도 뼈가 있다는 말은 이 일화에서 비롯된 말이야. 좋은 기회를 얻어도 별 이득이 되지 않는다는 뜻이지.

달걀꾸러미는 짚 여러 가닥을 잘 손질해서 몇 가닥씩 서로 엇갈리게 펴 놓은 다음, 한쪽 끝을 묶고 달걀 한 개를 놓고, 짚으로 양옆을 말아 올리고, 다시 달걀 한 개를 놓고 다시 양옆을 말아 올리며 계속 10개를 묶는 거야. 달걀을 폭 싸는 것이 아니라 위쪽은 달걀이 보이도록 싸는 것이 요령이지. 이렇게 하면 달걀이 잘 깨지지도 않거니와 운반하기도 쉬워.

예전에는 달걀꾸러미를 만들어서 장에 내다 팔아 필요한 물건을 사오기도 했고, 이웃집에 경조사가 있을 땐 선물로 주기도 했어. 또 선생님께 감사의 선물로 주기도 했지. 달걀 하나도 소중했던 그 옛날 한 알 한 알 일일이 짚으로 엮어서 만든 달걀 꾸러미는 정성이 가득한 선물이었어. 특히 가난하던 1950년대에는 설날 선물로 달걀꾸러미가 최고의 인기였어.

닭 장수들이 메고 다니던 닭 운반지게.

한편, 닭은 살림 밑천으로 고기로도 먹었지만, 장에 팔아서 다른 것을 사 오는 데 쓰기도 했어. 그땐 보자기에 닭을 싸서 가져가곤 했는데, 한 30년 전만 해도 시골에서는 닭을 싼 보자기를 들고 버스를 타는 할머니를 자주 볼 수 있었어.

또한 닭 장수가 동네에 나타나 닭을 사 가기도 했어. 닭장처럼 생긴 것을 어깨에 짊어지고 이 집 저 집 돌며 돌담 너머로 "닭 파세요! 닭 삽니다!"라고 외치곤 했는데, 그때 닭장처럼 생긴 것이 닭 운반지게야. 닭장수는 닭을 사 모은 후 다른 집에 팔기도 하고 장날에 맞춰 장에 내다 팔았어.

명덕
# 토종벌을 이사시키는 도구

"꿀벌이 지상에서 사라지면 인류 또한 4년을 넘기지 못할 것이다."

미국의 유명한 과학자 아인슈타인이 한 말이야. 왜 그럴까 궁금할 거야. 꿀벌은 꽃을 찾아다니며 꿀을 모으는데, 그 과정에서 꽃가루를 수정시켜서 식물들이 열매를 맺게 해. 이렇게 꿀벌이나 곤충에 의하여 수정하는 꽃을 충매화라고 하는데, 지구 상에 있는 충매화의 80퍼센트 이상이 꿀벌에 의해 수정을 한대. 만일 꿀벌이 없다면 대다수 식물이 대를 잇지 못하고 죽고 말 거야. 그렇게 되면 우리 인간이 과연 살 수 있을까.

농촌에서 키우는 꿀벌은 크게 토종벌과 서양벌로 나눌 수 있어. 이를 각각 한봉, 양봉이라고 해. 서양 꿀벌이 토종벌보다 약간 더 크고 성질이 온순한데, 토종벌은 파리보다 조금 더

옛날에 사용하던 벌통의 모습이야. 겉에 짚을 대서 보온을 해 주지.

클 뿐이야. 오늘날 농가에서 키우는 것은 대부분 서양 꿀벌이고 토종벌은 드물어. 서양 꿀벌을 키워야 꿀을 더 많이 얻기 때문이지.

꿀벌을 키우는 통을 벌통이라고 해. 벌통은 통나무 속을 파내 만드는데, 아래에는 벌이 드나들도록 작은 구멍을 내고, 위는 짚으로 덮은 뒤 황토를 발라 막고 그 위에 짚 주저리를 얹어. 벌통은 양지가 바른 곳이면서도 물이 가까이에 있는 곳에 놓는데, 한 번 자리를 잡으면 함부로 옮기지 않아. 자리를 잘못 옮기면 벌들이 모두 떠나기 때문이야.

벌통에 꿀이 가득해지면 꿀을 따는데, 이때 꿀벌을 다른 벌통으로 이사를 시켜야 하지. 이때 쓰는 것이 멍덕이야. 새끼를 꼬아 마치 고깔모자처럼 엮은 것으로 안쪽에 꿀을 바른 뒤 먼저 여왕벌을 모셔다 놓으면 나머지 일벌들은 다들 알아서 들어가. 이것을 새 벌통에 뚜껑으로 얹어 놓으면 되는 거야. 나중에 열어 보면 멍덕 안에 꿀이 많이 달리는데, 희면서도 깨끗해서 멍덕 꿀이라면 고급 꿀로 쳤어.

꿀벌을 이사시키는 데 쓰는 멍덕.

꿀벌을 오래 키우면 영험해진다고 알려졌어. 꿀벌 주인이 죽기라도 하면 알아채고 상복을 입는대. 머리나 허리 부분에 하얀 칠을 하고 나오는 것이 바로 꿀벌이 상복을 입은 거라고 하지.

### 누에섶
# 누에는 하늘이 준 선물

오늘날은 옷이 흔하지만 옛날에는 귀했어. 옷감도 귀했고, 옷을 짓는 일도 쉬운 일이 아니었어. 그래서 옷감은 화폐 대용으로 쓰이기도 했고, 결혼할 때 양가에서 선물로 주고받곤 했지.

옷감 중 명주는 누에고치에서 얻지. 누에란 나방의 애벌레로 뽕잎을 먹고 살아. 애벌레가 자라 나방이 되기 직전에 고치를 만드는데, 이때 고치를 키우기 위해 짚으로 얼기설기 대충 엮은 것을 누에섶이라고 해.

— 누에섶.

애벌레를 누에섶에 옮겨 놓으면 보통 2~3일 내로 고치를 만들지. 고치는 애벌레가 자신을 보호하려고 만드는 거야. 고치를 뜨거운 물에 삶은 뒤 얼레실을 감는 기구를 이용해 고치에서 실을 뽑아내는데, 한 개의 고치에서 명주실이 1천 미터 이상 나온대.

누에섶과 누에섶 짜는 틀.

누에를 키우는 일을 양잠이라고 해. 처음에 누가 나방의 애벌레에서 실을 뽑아낼 생각을 했는지 대단한 발명이야. 중국에서는 수천 년 전부터 양잠을 해 왔고, 우리나라에서도 오랜 옛날부터 양잠이 널리 이루어졌어. 40~50년 전까지만 해도 전국에 양잠하는 곳이 많았는데, 서울의 잠실처럼 지명에 '잠' 자가 들어가는 지역은 대부분 뽕나무밭이 많던 곳으로 양잠하던 지역이야.

요즘도 양잠은 꽤 하는데, 유전자를 변형시켜서 다양한 색상의 누에가 개발되었어. 그런 것은 물감을 들이지 않고도 색실을 얻을 수가 있어.

누에는 당뇨병에 좋다고도 널리 알려졌어. 누에를 말려서 가루를 내어 물에 타서 차처럼 마시고, 콩알처럼 환으로 만들어서 먹기도 해. 또 빵이나 다른 음식에 섞어서 섭취하기도 하지. 이렇듯 누에는 옷의 재료가 되기도 하고, 성인병을 다스리는 데 효과가 있어서 흔히 '하늘이 준 선물'이라고도 해.

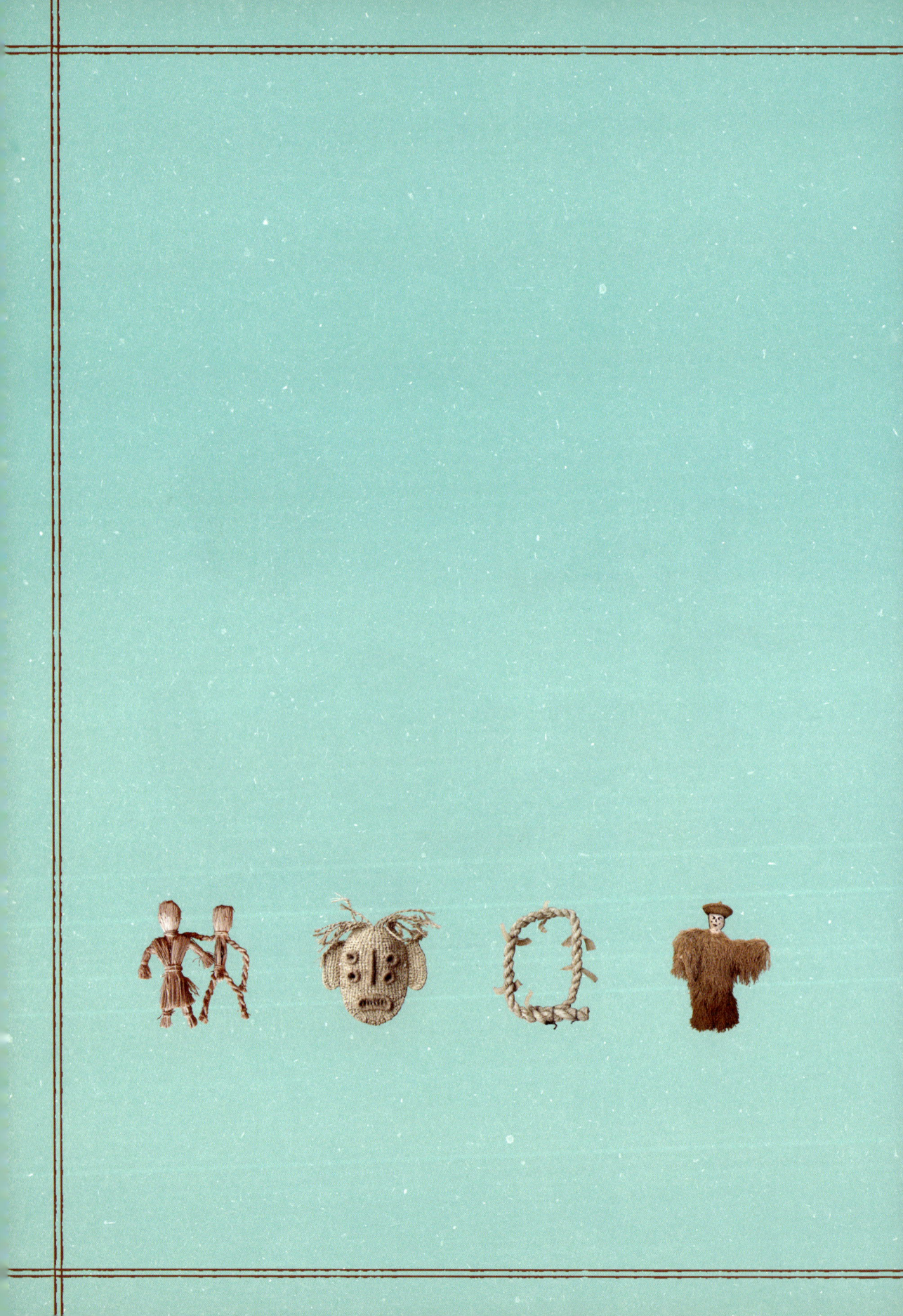

제3장

# 짚으로 만든 신들의 세계

우리 조상들은 하늘을 공경하고 자연을 섬기곤 했어.
곳곳에 신이 산다고 믿어서 신들에게 제사를 지내고
집안에 어떤 일이 있을 땐 빌곤 했어.
짚으로 표현한 신들의 세계로 들어가 보자.

금줄

# 부정을 막는 새끼줄

옛날에는 아기를 낳으면 대문에 금줄을 쳤어. 말 그대로 출입을 금한다는 줄로 새끼줄에 한지와 숯, 그리고 남자일 경우 빨간 고추를, 여자일 경우는 솔가지를 끼워 놓았어. 이때 새끼줄은 왼새끼라고 해서 왼쪽으로 꼰 것을 걸었어. 잡귀나 액운과 같이 나쁜 것들은 음인데, 음을 물리치려면 양

이 있어야 해서 양을 의미하는 왼새끼를 꼬는 거야.

　금줄은 마을 입구 당산나무에도 쳤고, 서낭당<sup>토지와 마을을 지켜 주는 서낭을 모신 집</sup>이나 뒷산 입구에 서 있는 바위에도 쳤어. 모두 옛날부터 신성시하던 것들이야. 이런 신성한 곳에 쳐진 금줄에는 하얀 종이가 꿰어져 있어서 밤에도 잘 보였어. 함부로 들어가지 말라는 뜻도 있고, 액을 막는다는 뜻도 있어. 그런 곳에 쳐진 금줄은 액막이 줄이라고도 해.

　한때 이런 것들은 미신이라며 나쁘게 보기도 했지만, 꼭 그렇지만은 않아. 아기를 낳은 집에 금줄은 21일간 쳐 두는데, 이 기간은 아기에게 면역력도 생기고 엄마도 건강을 회복하는 기간이거든. 또 숯과 새끼줄은 미세 먼지나 병원균을 빨아들여서 질병도 막아 주는 역할을 해.

　만일 이를 어기고 마음대로 금줄을 넘어간다면 무슨 일이 생길까? 아기 낳은 집에 무턱대고 들어가면 삼신할머니가 노하셔서 아기가 죽거나 병에 걸리고, 엄마도 젖이 나오지 않는대. 또 금줄 안에 들어간 사람도 손이 오그라든다고 해. 그리고 금줄을 설치할 때 못을 박아도 안 돼. 못을 박으면 아기의 눈에 이상이 생긴다고 해.

　사용한 금줄은 태워 버리거나 담장 밑에 버리는데, 아들을 낳은 집의 금줄은 이웃에서 서로 가져가려고 하였어. 그런 집의 금줄을 집 안에 걸어 두거나 밥 지을 때 땔감으로 쓰면 아들을 얻을 수 있다고 믿었기 때문이야.

오늘날에도 금줄은 자주 볼 수 있는데, 지난 2013년 5월 숭례문이 복원될 때에도 금줄을 쳤어. 다시는 화재와 같은 불상사가 일어나지 않도록 액막이를 한 거야. 당시 금줄은 숭례문을 한 바퀴 빙 둘렀는데, 한지를 꿰어 걸었고, 정문에는 별도로 굵은 새끼로 꼬아 숯과 목화, 한지를 같이 꿰어 만든 금줄을 걸쳐 놓기도 했어.

2013년 5월 숭례문 복원 때 금줄을 친 임채지 할아버지.

요즘도 공방에서 짚일을 하고 있으면 간혹 금줄을 만들어 달라는 사람도 있어. 이야기를 들어 보면 아기를 늦게 낳게 되었거나 귀한 아기를 얻는 사람들이야. 아기에게 좋은 기운을 선물해 주고 싶은 부모님의 소망이 듬뿍 느껴지지. 그런 소망이 바로 금줄에 있어. 금줄은 미신이라고 여기기보다는 다시 살려야 하는 우리의 전통문화로 보는 것이 좋을 것 같아.

## 다양한 금줄의 모습

1 나쁜 기운을 막기 위하여 치는 금줄.
2 소형 금줄.

솟대
# 마을을 지키는 수호신

"다, 하늘의 뜻이지."

옛날 사람들은 하늘을 공경했어. 살 돼도 하늘의 뜻, 못 돼도 하늘의 뜻이라고 믿었어. 풍년은 물론 흉년이 들어도 하늘의 뜻이라고 했어.

마을에서는 하늘에 제사를 지내기도 하고, 긴 장대를 세우고 그 끝에 나무로 새 모양을 깎아 올려놓았는데, 이를 솟대라고 해. 새는 보통 오리 모양이지만 지역에 따라서는 기러기, 갈매기, 따오기, 왜가리, 까치, 까마귀라고도 했어. 새들은 하늘을 날아다니니까 솟대가 하늘과 통한다고 믿었던 거야.

짚으로 만든 솟대.

솟대는 삼한 시대 소도라는 신성한 장소에서 유래해. 소도는 죄인이 그곳으로 도망가도 잡을 수 없을 정도로 신성한 곳이었어. 하지만 '솟아 있는 장대'에서 솟대라는 말이 나왔다는 설도 있어.

솟대를 세워 놓으면 마을의 가뭄이나 화재, 역병 등을 막는다고 했어. 그러나 후에는 마을에 좋은 일이 있을 때, 그리고 풍수지리상 마을이 떠나가는 배처럼 생겼을 때 세우기도 했어. 풍수지리로 세운 솟대는 돛대 역할을 한다는 뜻이었어.

마을에서 과거 시험에 급제한 사람이 나오면 솟대 끝에 새 대신 청룡을 매달았으며, 장대에는 주홍색을 칠하였어. 과거 급제를 축하한다는 뜻이지. 또 정월 대보름 날에는 솟대 위에 씨앗을 넣은 주머니를 매달아 마당에 세우고 농악 놀이도 했어. 이럴 땐 한해 풍년이 들기를 기원하는 뜻이 담겨 있어.

솟대는 홀로 세워지기도 하지만 장승이나 돌탑과 함께 세워지는 경우가 많았어. 장승이 마을에 들어오는 나쁜 기운을 막고 이정표 역할을 하듯 솟대도 비슷한 의미로 세워진 거야.

솟대는 1970년대 새마을 운동이 벌어지면서 장승과 함께 대부분 사라졌다가 전통문화의 일부로 여겨지며 다시 부활했어. 솟대를 볼 때마다 하늘의 뜻을 받아들이며 살았던 우리 조상들의 마음과 소망을 느낄 수가 있어.

솟대의 다른 이름
소주, 소줏대, 솔대, 솟댁, 솟대, 별신대, 표줏대, 홋대, 수살대, 수구막잇대, 거릿대, 서낭대, 짐대, 짐대백이.

성주신
# 우리 집 수호신

"화장실 갈 때는 꼭 왼발부터 들이밀어라."

옛날 어른에게 들은 이야기야. 화장실에는 측신이 머물고 있으니 나쁜 기운인 음을 쫓으려면 양, 즉 왼쪽 발을 먼저 들이밀어야 한다고 했어. 측신은 여자 신으로 머리가 무척 길다고 해.

집 안에는 측신 이외에도 많은 신이 산다고 믿었어. 집을 지켜 주는 터주신, 집 안팎을 두루 살피는 성주신, 외양간에는 외양신, 대문에는 대문신, 부엌에는 조왕신이 산다고 했고, 아이를 보살피는 삼신과 재물과 복을 주는 업신, 장독대에는 철륭이 있다고 했어.

이중 성주신은 주로 단지에 모셨어. 단지에 쌀을 넣은 뒤 주둥이를

성주신을 모신 성주단지.

한지로 막고, 그 위를 짚으로 주저리를 만들어 씌운 후 마루 한쪽에 모셔 두었어. 성주신은 집 안팎을 지켜 주는 신이라서 무슨 일이 있을 때에는 먼저 성주신에게 빌곤 했어.

그런데 다른 지역에서는 하얀 종이에 쌀을 싸서 마루 위 대들보에 북어와 함께 모시기도 하고, 대나무에 한지를 오려 붙여서 모시기도 했어. 또 안방의 문 위나 들보 위에 종이를 하얀 실로 감아 매달아 모시기도 했어.

성주신은 집을 지키는 여러 신 중에는 가장 높은 신이야. 하늘에서 내려왔다고 하는데, 단군 할아버지가 하늘에서 내려와 우리나라를 세운 것과도 관련이 있다고도 해. 성주신은 솔가지를 맨 대나무를 타고 내려온다는데, 이는 단군 신화에 나오는 신단수환웅이 처음 하늘에서 그 밑으로 내려왔다는 신성한 나무와도 비슷하지. 성주신은 인간에게 집을 짓고 연장을 만드는 법을 가르쳤다고 해. 그래서 집을 지을 땐 먼저 성주신에게 제사를 올렸어.

성주신에게는 가끔 굿을 해 주는데, 이때 무속인이 성주풀이라는 것을 해. 〈성주풀이〉 중 "와가에도 성주요, 초가에도 성주요."라는 구절은 성주신이 초가집이건 기와집이건 어느 집에나 다 있다는 뜻이야.

성주의 다른 이름
**상량신, 성조, 성주대감.**

장독대

# 장독을 지키는 철륭과 버선본

햇살이 따스하게 내리쬐는 봄날, 서낭당 앞에는 아낙네들이 모여 있고, 그 앞에는 장독들이 쭉 늘어서 있어.

"모두 뚜껑을 여세요."

한 아낙네의 말에 여자들은 장독의 뚜껑을 열었어.

장금이는 궁금해 그 아낙네에게 물었어.

"장독은 왜 여기에 가져온 것이고, 뚜껑은 왜 열어 두는 것인가요?"

"송홧가루, 밤 꽃가루가 들어가라고 열어 두지요. 이렇게 하면 장맛이 훨씬 좋아집니다."

아낙네의 말이었어.

장금이가 꽃가루가 덮인 된장을 손가락으로 찍어 맛을 보니 전에 없이 맛난 장이었어. 하여 조금 얻어 된장찌개를 만들어 수라상<sup>궁중에서 임금에게 올리는 밥상을 높여 이르는 말</sup>에 올렸어. 된장찌개를 맛본 임금님은 깜짝 놀라며 말했어.

"도대체 어떻게 예전의 장맛을 되찾았느냐?"

예로부터 장맛이 변하면 집안이 망한다고 했는데, 궁궐의 장맛이 변해 나라가 망할까 근심 걱정이던 임금님은 활짝 웃었어.

위 이야기는 드라마 〈대장금〉에 나왔던 거야. 이처럼 우리 옛 조상들은 장을 애지중지했어. 부엌 뒤란에 장독대를 만들어 된장과 간장, 고추장 등 갖가지 장을 독에 담아 보관했어. 햇볕이 따뜻하면 열어 두고, 비라도 올 것 같으면 닫아서 관리했지.

또 장독대에 부정한 것이 들어오지 못하게 금줄을 쳤는데, 숯이나 고추와 같은 것 이외에도 버선본을 거꾸로 매달아 놓기도 했어. 버선본이란 버선을 만들 때 버선의 크기나 모양을 재는 견본이야. 가족의 발 크기가 다르므로 각자의 버선본

금줄이 쳐져 있는 장독대.

이 있었어. 이런 버선본을 장독대에 걸어 두면 장맛이 본래대로 돌아온다고 믿었어.

과연 그럴까, 궁금할 거야. 하지만 특이하게도 지네나 노래기 등 해충들이 장독에 들어가려다가 버선본을 보고는 놀라서 달아났어. 그 이유는 정확히 모르지만 하얀 버선본이 햇빛에 빛나 해충들을 놀라게 하기 때문이라는 설이 있어.

장독대에는 또 철륭이라는 신을 모셔서 장독을 지켜달라고 빌기도 했어. 보통 작은 단지에 쌀을 넣고 모시는데, 성주신을 모시는 방법과 비슷해. 철륭은 기가 세어 한 번 모시게 되면 계속 모셔야지 중간에 그만두면 큰일이 난다고 했어. 또 철륭을 향해 침을 뱉거나 오줌을 누면 더 큰 탈이 생긴다고 했어.

위의 사진은 장독대에서 철륭을 모시며 장독고사를 지내는 모습이야. 물과 쌀 그리고 돈을 올려 모셨지. 그리고 아래 사진은 메주를 걸어 놓은 모습이야.

설날이나 정월 대보름이 되면 철륭에게 제사를 지내 집안이 잘 되기를 빌었고, 가족 중 멀리 떠나서 생활하는 이가 있을 때, 중요한 일을 앞두고 있을 때에도 빌었어. 특히 자녀가 생기지 않거나 집안에 좋지 않은 일이 있으면 먼저 철륭에게 제사를 올렸어.

이 밖에도 동지 때 팥죽을 쑤어 장독대에 올렸으며, 고추를 볶아서 장독

위에 올려놓기도 했어. 팥죽이나 고추는 모두 빨간색인데, 빨간색이 잡귀와 액운을 물리친다고 여겼어.

이렇듯 갖가지 이야기가 숨어 있는 장독대는 오늘날 시골에서도 몇몇 가정에만 있을 정도로 보기 힘들어졌어. 하지만 여전히 장은 중요해. 우리는 끼니마다 된장이나 고추장, 간장을 먹고 있으니까.

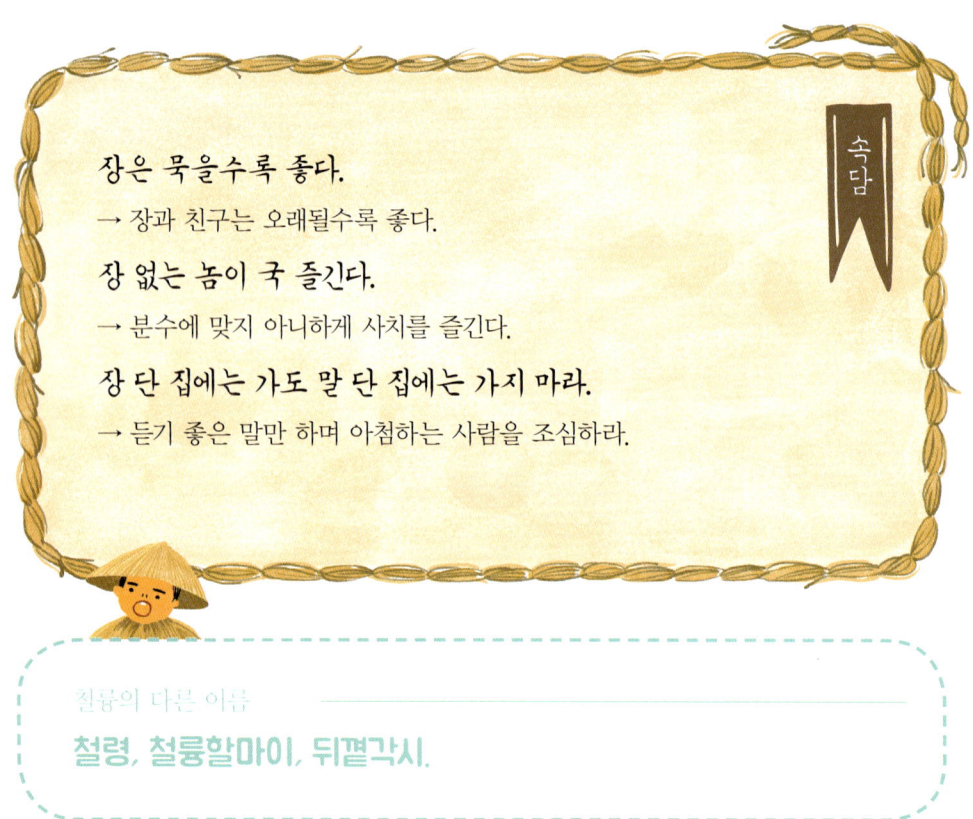

**속담**

장은 묵을수록 좋다.
→ 장과 친구는 오래될수록 좋다.

장 없는 놈이 국 즐긴다.
→ 분수에 맞지 아니하게 사치를 즐긴다.

장 단 집에는 가도 말 단 집에는 가지 마라.
→ 듣기 좋은 말만 하며 아첨하는 사람을 조심하라.

철륭의 다른 이름
**철령, 철륭할마이, 뒤펻각시.**

삼신상

# 아기를 보호해 주는 삼신할머니

옛날에는 아기가 태어나면 미역국과 밥, 깨끗한 물 한 그릇을 상에 올려놓았는데, 이를 삼신상이라고 해. 삼신이란 바로 아이를 건강하게 태어나게 해 주는 신이야.

삼신은 신이 세 명이라서 붙여졌다고도 하고, 산신이 변한 말이라는 설도 있지만, 탯줄을 뜻하는 태를 삼이라 하여 삼신이라는 설이 더 유력해. 유래는 어찌 되었든 삼신은 아이와 산모를 지켜 주는 신으로 아이가 자라는 동안 돌봐 준다고 해서 많이 믿었어.

삼신에게 설날에는 떡국을, 정월 대보름에는 잡곡밥을, 그리고 동짓달에는 팥죽을 올렸어. 또한, 아이가 아프거나 집안에 우환이 있을 때에도 삼신에게 고하며 잘 보살펴 달라고 빌었어. 백일

아이를 지켜 주었다는 삼신할머니에게 바치는 상이야. 고기와 생선은 삼신상에 올리지 않았대.

이나 돌 때에도 음식을 올리고 실타래와 고추 등도 함께 올리곤 했어. 이것도 삼신상이라고 하지. 삼신은 깔끔한 성격이라서 제물을 많이 올리기보다는 정갈하게 올렸어. 특히 고기와 생선은 냄새가 나서 삼신상에 올리지 않았어.

삼신은 지방마다 모시는 방법이 달라. 여성이라고 생각해서 안방에 모시는데, 작은 상 위에 물그릇과 실타래, 미역을 올려놓곤 했어. 또 짚이나 돈을 올려놓기도 했어. 터주처럼 작은 단지에 쌀을 넣고 한지로 입구를 막아 안방 시렁<sub>물건을 얹기 위해 두 개의 긴 나무를 가로질러 선반처럼 만든 것</sub> 위에 놓기도 했고, 단지 대신 바가지를 쓰기도 했어.

삼신은 위에서 보았듯 여성, 특히 할머니로 여겨지지만, 지방에 따라서는 할아버지나 조상신이 삼신으로 여겨지기도 하고, 부처님이나 제석신<sub>집안 사람들의 수명, 곡물, 의류 및 회복에 관한 일을 맡아보는 신</sub> 등을 삼신으로 여기기도 했어. 이러한 삼신은 아기를 소중하게 여기는 우리 민족만의 독특한 민속 신앙으로 볼 수 있지.

삼신의 다른 이름
**삼신할머니, 삼신할매, 지앙할미, 삼신단지, 삼신바가지, 삼신주머니, 삼신동우, 삼승할망, 지앙.**

제웅

# 직성을 풀어 주는 짚 인형

"꼭 그래야 직성이 풀리겠니?"

우리말에 '직성이 풀리다.'는 말이 있어. 여기에서 직성이란 자신의 뜻대로 이루어져 만족스러운 것을 말해. 본래 직성은 나이에 따라 운명을 맡고 있다는 별이야. 모두 9개의 직성이 있는데, 남자는 10세, 여자는 11세에 직성에 처음 들어가게 된대. 이후 9년마다 계속 직성에 들어가지.

직성에 들면 운수가 나빠지므로 이를 풀어야 하는데, 이때 제웅을 만들었어. 짚으로 작은 인형을 만들어서 안에 동전을 넣어 길가에 버리면 나쁜 운수가 나간다는 거야. 직성이 풀린다는 말은 바로 여기에서 나온 거야.

제웅을 길가에 버리면 아이들이 안에 든 동전만 쏙 빼갔어. 이렇게 동전을 빼가는 것을 제웅치기라고 해. 또 제웅에는 주인공의 옷을 입히기도 하는데, 그렇게 하면 액운을 확실하게 떼어 낼 수 있다고 믿었어.

제웅 한 쌍.

액을 버리기 위해 만드는 제웅.

여기에서 제웅은 신라 때 처용이라는 사람 이름에서 온 말이라고 전해져. 처용은 용왕의 아들로 얼굴이 붉었대. 그는 아내에게 나쁜 짓을 하는 역신을 덕으로 물리쳤는데, 그 뒤 사람들은 처용의 얼굴을 그려서 대문에 붙여 나쁜 액운을 물리치려고 했어. 동짓날 팥죽을 쑤어 대문에 뿌리곤 했는데, 이 풍습은 그래서 생긴 거야. 팥죽은 곧 처용의 얼굴을 뜻하지.

제웅은 또 남을 저주할 때도 썼어. 저주할 사람의 머리카락을 몰래 훔쳐와 제웅 속에 넣고, 팔과 다리에는 유자나무 가지를 꽉 채우는데, 이것을 신당신령을 모셔놓은 집에 두고 저주를 내리기를 비는 거야. 바늘로 콕콕 찌르기도 하고 화살을 쏘기까지 하지. 그렇게 하면 저주에 걸린 사람은 극심한 아픔을 느끼게 되는 거야. 옛날 숙종 임금 시절 장희빈이 인현 왕후에게 저주를 내리려고 제웅을 만들었다가 들통이 나는 바람에 사약을 받은 이야기는 유명하지.

제웅의 다른 이름
**초인, 초우인.**

액막이옷

# 액을 막아 내던 짚옷

"삼재가 들었나?"

무슨 일을 할 때 잘 안 풀리면 흔히 하는 말이야. 삼재란 병에 걸리거나 크게 다치거나 쫄쫄 굶는 세 가지 재앙을 말해. 사람이면 누구나 삼재가 찾아온다는데, 심할 수도 있고 약할 수도 있대.

이를 막기 위해 부적<sub>잡귀를 쫓고 재앙을 물리치기 위하여 붉은색으로 글씨를 쓰거나 그림을 그린 종이</sub>을 몸에 지니기도 하고 제웅을 만들어서 길가에 버리기도 했어. 또 오쟁이에 돌과 모래를 넣고 동전 몇 개를 쑤셔 넣어 개천에 버리기도 했고, 자기 나이 수대로 팥알을 땅에 묻기도 했어. 이 밖에도 여러 가지 방법으로 나쁜 액을 막으려고 했는데, 그러한 것들을 액막이라고 해.

액막이 중 마을 단위로 하던 것이 액막이굿이야. 짚으로 거칠게 엮은 옷을 입고 농악에 맞춰 춤을 추는 굿으로 언뜻 보면 원시인들이 의식

액막이굿을 할 때 입는 액막이옷.

을 치르는 것과 비슷했어. 하지만 그 속에는 오랜시간 자연을 공경하며 살아온 우리 조상들의 마음이 담겨 있기도 했어. 이때 입는 옷을 액막이옷이라고 해.

　살다 보면 누구나 삼재에 든 것처럼 운이 좋지 않을 때가 있기 마련이야. 재수가 좋을 때도 있고, 나쁠 때도 있지. 그러나 결국은 다 지나가게 되어 있으니 너무 괴로워할 필요는 없어. 우리 조상들이 그랬던 것처럼 세상에 순응하며 사는 것이 가장 좋지 않을까.

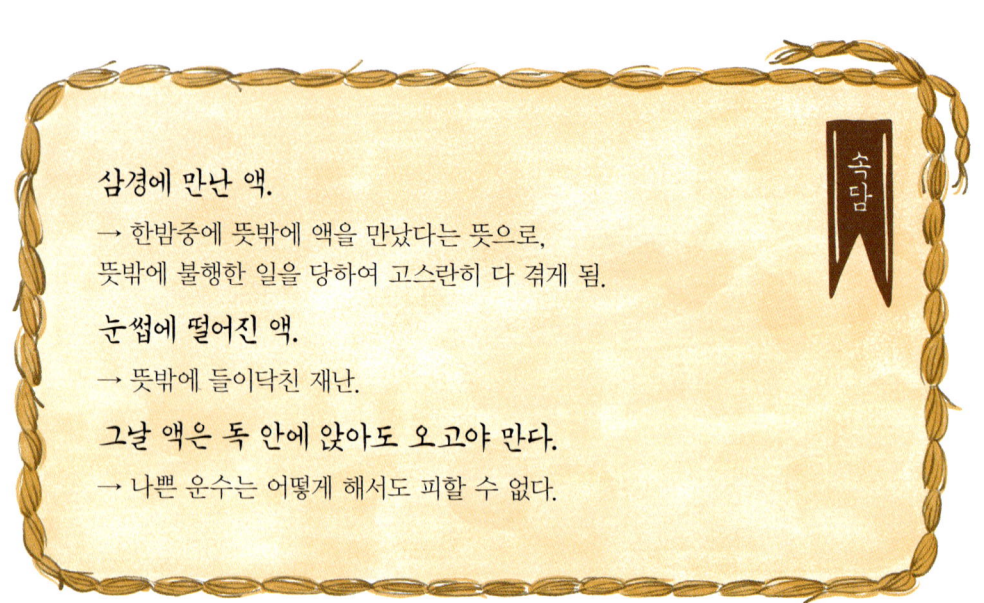

**삼경에 만난 액.**
→ 한밤중에 뜻밖에 액을 만났다는 뜻으로, 뜻밖에 불행한 일을 당하여 고스란히 다 겪게 됨.

**눈썹에 떨어진 액.**
→ 뜻밖에 들이닥친 재난.

**그날 액은 독 안에 앉아도 오고야 만다.**
→ 나쁜 운수는 어떻게 해서도 피할 수 없다.

속담

달집태우기

# 달집은 왜 태우는 걸까?

정월 대보름이 되면 온종일 신이 나곤 했어. 농악 놀이와 줄다리기, 쥐불놀이 등 갖가지 행사가 있었기 때문이야. 그중 가장 명장면은 달집태우기야. 날이 저물고 달이 서서히 뒷산 위로 올라올 때 높이 쌓아놓은 달집에 불을 붙이면, '따다다닥, 따다다닥!' 하는 요란한 소리와 함께 불길이 하늘로 치솟았어.

달집은 통나무로 뼈대를 만든 뒤 소나무 가지와 대나무로 둘레를 덮고, 그 위를 볏단으로 두른 것으로 원시인이 살던 움집 비슷하게 생겼어. 안에는 짚으로 만든 달이 매달려 있는데, 이 공간은 달방이라고 해. 달집의 겉에는 헌 옷이나 태우고 싶은 것들을 걸어 두기도 했고, 소망을 적은 종이를 끼우기도 했어.

마침내 달집에 불을 붙이면 사람들은 두 손을 모아 달집을 향해 소망을 빌었어. "올 한 해 나쁜 기운은 모두 사라지고 우리 가족 모두 건강하

### 지신밟기란?

달집태우기를 하기 전에 농악대가 마을의 집집을 도는 것을 말한다. 땅을 다스리는 신을 달래며 한해 무사하기를 기원하는 의식이다. 집주인은 음식이나 곡식, 돈으로 농악대를 대접한다.

게 해 주십시오." 이때 '따다다닥!' 하며 대나무 타는 소리가 요란하게 울리는데, 이는 잡귀를 쫓아낸다는 뜻이 있어. 또 볏단을 두른 것은 풍년을 기원한다는 뜻이야.

 달집이 다 타면 세워 놓았던 뼈대가 쓰러지는데, 쓰러지는 쪽 마을에 풍년이 든다고 해서 모두 함성을 질렀어. 그러나 달집이 다 타기도 전에 쓰러지면 흉년이 든다고 했어.

 달집태우기는 요즘에도 농촌에서 많이 해. 전남 곡성군 오곡면의 달집태우기는 오랜 전통을 이어온 행사로 곡성 지역에서는 가장 유명하지. 지신밟기와 농악 놀이는 물론 줄다리기 등 다채로운 행사가 한꺼번에 펼쳐지는데, 요즘에는 초청 가수도 부르고 불꽃놀이까지 해서 축제나 다름없어. 마을 사람들이 모두 모여 한마음 한뜻으로 서로가 잘 되기를 기원하는 달집태우기는 앞으로도 계속 이어졌으면 좋겠어.

## 다양한 달집태우기의 모습

1 정월 대보름날에 하는 달집태우기.
2 달집의 모습.
3 달집을 태우며 액도 태운다.

### 줄다리기
# 이긴 마을은 풍년

　줄다리기는 마을 사람들이 모두 참가하는 즐거운 민속놀이야. 양편으로 나뉘어 줄을 당기는데, 이긴 쪽이 풍년이 든다고 해서 젖 먹던 힘까지 다 해서 줄을 잡아당기곤 하지. 줄다리기를 언제부터 했는지는 알 수 없지만 일설에는 중국의 삼국 시대 때 오나라와 촉나라가 싸우는 데에서 유래했다고 해.

　줄다리기는 줄을 만드는 것부터 대단해. 굵은 새끼를 여러 번 반복해서 감아 만들어서 손으로 줄을 직접 잡을 수 없을 정도로 지름이 굵어지지. 그래서 줄 옆에 손잡이 줄을 별도로 만드는데, 이를 벗줄 또는 동줄이라고 해. 이에 비해 줄의 몸통은 몸줄이라고 해. 수십 개의 벗줄이 달린 줄다리기 줄은 마치 거대한 지네처럼 보이지.

　또 암줄과 수줄이 따로 있어. 수줄은 앞부분에 작은 고리가 있는 반면 암줄은 너비가 큰 고리가 달려 있는데, 수줄의 고리를 암줄의 고리 안에 넣은 뒤 굵은 나무로 빗장을 질러서 연결하지. 이때 빗장을 지르는 나무를 비녀목이라고 해.

　그런데 줄을 만들 때에는 여자는 가까이 갈 수 없었어. 여자가 줄을 타고 넘어가면 줄이 끊어진다고 믿었기 때문이야. 그래서 줄을 만드는 동안 남자들이 밤새워 지키기도 했어. 하지만 여자들은 몰래 이 줄을 넘으려고 하였어. 줄을 넘으면 아들을 낳는다고 믿었기 때문이야.

마침내 줄다리기 경기가 벌어지면 이긴 쪽이 상대방의 줄을 가져가 마을 입구의 당산나무<sub>마을의 수호신으로 모셔 제사를 지내 주는 나무</sub>나 커다란 바위에 감아 두었어. 줄에 큰 효험이 있다고 믿었기 때문이야. 또 줄을 썰어서 논에 거름으로 뿌리거나 푹 삶아 소에게 여물로 주기도 했어. 거름으로 쓰면 농작물이 잘 되고, 소를 먹이면 소가 잘 큰다고 믿었어. 지붕에 올려놓으면 아들을 낳는다고도 했고, 고기를 잡으러 갈 때 가져가면 많이 잡을 수 있다고 해서 한 움큼씩 잘라가기도 했어.

줄다리기 줄.(위)
수줄과 암줄 연결 상태.(아래)

이렇듯 줄다리기에는 깊은 의미가 담겨 있었지만, 오늘날에는 운동회 등에서 하는 오락의 하나로 생각할 뿐이야. 하지만 줄다리기는 왜 하는지, 어떤 의미가 있는지 알고 한다면 줄다리기가 훨씬 더 재미있을 거야.

십이지 탈

# 풍년을 기약하는 열두 띠 놀이

 옛날 탈은 대부분 바가지로 만들었지만, 종이를 이겨 붙여서 만든 것도 많았고, 하회탈처럼 나무를 깎아 만든 것도 많았어. 짚으로도 물론 탈을 만들었는데, 열두 띠 탈이 대표적이야. 쥐띠, 소띠, 호랑이띠 등 띠에 해당하는 동물 탈로 십이지 탈이라고도 해.

 짚으로 동물 탈을 만들기란 매우 까다로워. 둥구미를 짜듯 만드는데, 각 동물의 모습을 제대로 표현하려면 여러 차례 풀었다 엮었다 반복해야 해. 그러니 짚일을 아무리 잘하는 사람이라도 감각이 없으면 절대로 만들 수가 없지.

 십이지 탈은 정월 대보름 때 그해에 해당하는 띠탈을 앞세우고 농악을 치며 놀았어. 이는 풍년을 기원하고, 마을에 아무런 탈이 없기를 바라며 놀던 탈놀이로 띠 놀이라고 해.

 띠 놀이를 언제부터 하였는지는 알 수 없지만 550여 년 전 조선 시대 단종 임금이 억울하게 죽은 것을 슬퍼하는 사람들이 처음 시작했다는 설이 있어. 단종은 세조에게 왕위를 빼앗기고 강원도 영월에 유배를 당해서 그

짚풀 생활사 박물관에 전시된 십이지 탈이야. 짚으로 동물을 만드는 건 매우 까다로운 작업이야.

곳에서 죽었어. 사람들은 단종을 기리며 슬퍼하였는데, 단종의 띠를 따지다가 띠 놀이를 시작했다는 거야.

강원도 영월에서는 해마다 단종제를 여는데, 1982년부터 띠 놀이를 재현하고 있어. 하지만 이 띠 놀이는 탈을 쓰는 것이 아니라 온몸을 동물로 분장 해. 이 밖에도 경기도 고양시와 광주시에서 옛날에 띠 놀이를 했다는 기록이 있지만, 탈을 썼는지는 알 수 없어.

한편, 십이지 탈은 공주 민속극 박물관과 고성 탈 박물관에 전시되어 있는데, 공주 민속극 박물관의 것은 짚으로 만든 것이고, 고성 탈 박물관의 것은 나무로 만든 거야. 고성 탈 박물관의 십이지 탈은 그나마 양과 토끼, 돼지, 소 등 네 점뿐으로 제주도에서 수집한 거야. 이 밖에 서울의 짚풀 생활사 박물관과 전남 영암의 쌀 박물관에도 각각 한 세트씩 있는데, 임채지 할아버지가 최근에 새로 제작한 것이야.

십이지 탈을 쓰고 하는 띠 놀이는 공주 민속극 박물관에서 민속극 축제를 하며 재현한 바 있고, 전남 민속 경연 대회에서도 곡성팀이 십이지 탈놀이로 참가해 우수상을 수상한 바 있어.

한편, 단종제 띠 놀이는 닭이 중요해. 단종 임금이 닭띠라서 "닭띠의 운명이 그렇게 기구하다는 말을 들어 본 적이 없는데 이상하다."라며 닭으로 분장한 사람이 먼저 등장해. 이후 각 띠에 해당하는 동물로 분장한 사람이 나와서 각 동물을 자랑하는 식으로 진행해.

몇 가지만 소개하면 다음과 같아.

---

**닭** 닭이 오덕다섯 가지 덕을 갖췄다는 말 모르는가. 새벽은 또 나 아니면 누가 알리는가?

**소** 어허, 그것참, 소가 최고야. 농사는 내가 다 짓지. 그뿐인가. 소고기는 귀하고 맛도 좋으니 소처럼 고마운 동물이 어디 있는가?

**개** 집은 내가 지키지. 주인에게 충성하는 것은 나를 따를 자가 없어. 인간은 마땅히 개를 본받아야 해.

**말** 주인은 내가 제일 잘 모시지. 또 전쟁터에서 내가 세운 공이 얼마나 큰데.

**호랑이** 참 우습네. 동물의 왕은 나, 호랑이야. 어디에서 쪼그마한 것들이 큰소리를 치느냐?

**용** 땅 위를 기는 것들은 다 도토리 키 재기다. 용이 비를 내려 주고, 바람도 일으켜 주는 고마움을 어찌 갚을 손가?

---

 단종제 띠 놀이가 재현되어 매년 공연하듯 십이지 탈 띠 놀이도 복원이 되었으면 하는 바람이야.

## 다양한 십이지 탈의 모습

**맨 위쪽에서 시계 방향으로** 쥐, 소, 호랑이, 토끼, 용, 뱀, 말, 양, 원숭이, 닭, 개, 돼지.

방상시

# 장례식을 지키는 수호신

요즘 구경하기 어려운 게 상여야. 저승으로 가는 고인에게 마지막으로 꽃가마를 태우는 것인데, 절차도 복잡하고 비용도 꽤 들어서 요즘엔 생략하곤 하지.

그런데 이 상여 맨 앞에는 눈이 네 개 달린 탈을 앞세우곤 했어. 이 탈이 바로 방상시 탈이야. 눈이 네 개인 것은 이승과 저승을 다 본다는 뜻도 있고, 주변의 사악한 것들을 샅샅이 보면서 쫓아낸다는 뜻도 있지. 곧 방상시는 장례식을 지키는 수호신이야.

방상시는 시신을 묻을 땅을 팔 때도 안에 들어가 춤을 추며 묘 안에 있는 잡귀를 쫓아내곤 하지. 이후 시신을 묻은 후에는 고인이 쓰던 물건과 함께 불에 태워 없애 버렸어.

서민들이 사용하던 짚 방상시.

본래 방상시는 궁궐에서 사용했어. 임금님이 행차하거나 외국에서 귀한 사신이 올 때 방상시를 앞세우는데, 역시 잡귀를 쫓아낸다는 의미가 있었어. 또 역병(전염병)이 퍼질 때에도 이 탈을 모시고 의식을 치뤘어. 그 의식은 '구나'라고 하는데, 관상감이라고 해서 구나를 치르는 관청까지 있었어. 고종 황제의 장례식에도 방상시가 쓰였는데, 당시 찍은 사진을 보면 둥그렇게 만든 것으로 수레에 태워 장례 행렬 맨 앞에 세웠어.

방상시는 나무로 만들기도 하고 짚이나 종이로 만들기도 했어. 나무로 만든 것은 궁궐에서 사용하고, 종이로 만든 것은 일반 양반들이, 그리고 짚으로 만든 것은 서민들이 주로 사용했어.

한편, 상주들은 베옷을 입고 거칠게 만든 짚신인 엄짚신을 신었어. 남자는 굴건을 하고 여자들은 수질을 썼어. 수질은 군데군데 삼베를 오려 끼워 넣은 머리띠를 말해. 또 짚으로 만든 허리띠를 하였는데, 이는 요질이라고 해.

한편, 상을 치르다 보면 잠을 제대로 잘 수가 없는데, 이때 사용하라고 짚으로 촘촘히 만든 베개가 짚베개야. 곡을 할 때도 이 짚베개에 두 손을 얹고 곡을 하곤 했어.

또 상주들은 짧은 지팡이를 짚었는데, 이를 상장이라고 해. 상장을 짧게 만든 것은 부모를 여읜 죄인이니 허리를 펴지 말라는 뜻이 담겨 있어. 그런데 상장은 아버지가 돌아가셨을 땐 대나무로 만들고, 어머니가 돌아가시면 오동나무로 만들었어. 이를 각각 저장, 삭장이라고 해.

저장은 아래 위가 둥글고, 삭장은 위는 둥글지만 아래는 네모져. 이는 아버지는 하늘이요, 어머니는 땅이라는 의미야. 또 대나무로 만든 것은 아버지가 돌아가셨으니 사시사철 변함없이 슬프다는 의미이고, 오동나무로 만드는 것은 어머니의 죽음은 아버지의 죽음과 같다는 뜻이야. 오동나무의 '동桐' 자를 같을 동同으로 본 것이지.

옛날에는 부모님이 돌아가시면 3년 상을 치렀어. 3년 동안 묘 옆에 머물며 아침저녁으로 문안을 드린 거야. 이때 상주가 거주하는 움막을 여막이라고 해. 기둥을 세운 후 삼면을 짚으로 둘러친 움막으로 안에는 제사상이 마련되어 있지.

오늘날에는 장례식이 간소화되어 방상시는 물론 다른 용품도 거의 쓰이지 않아. 하지만 어른에 대한 공경과 효심만은 변하지 않았으면 해.

## 다양한 방상시의 모습

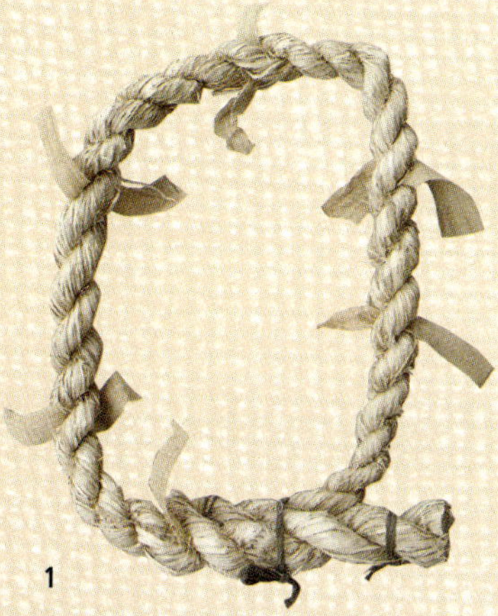

1

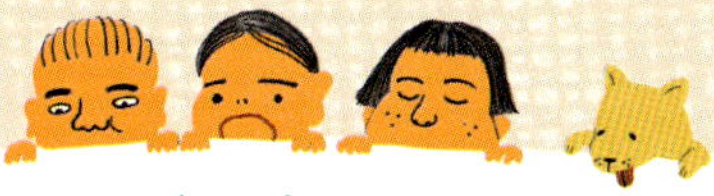

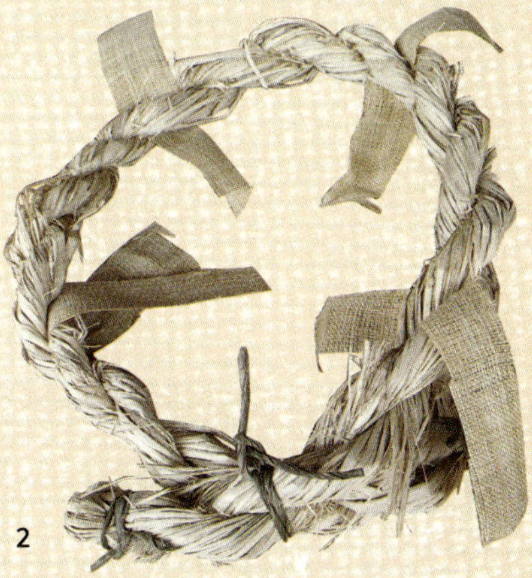

2

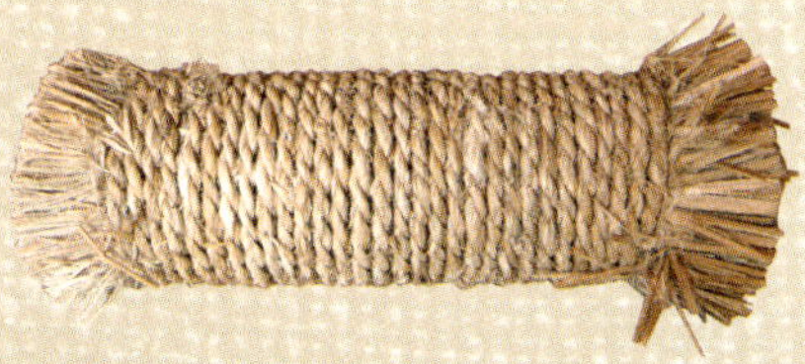

3

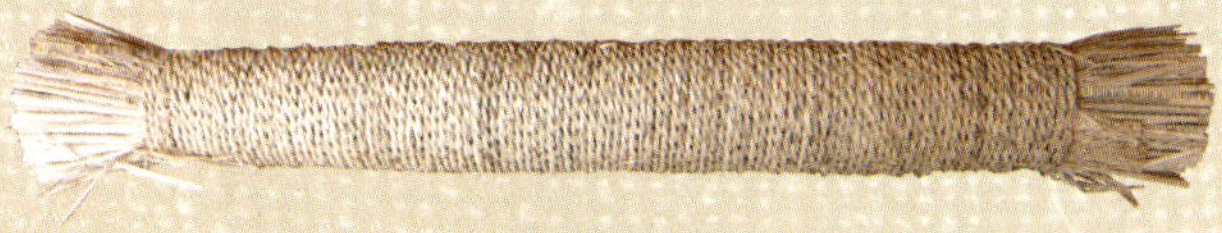

4

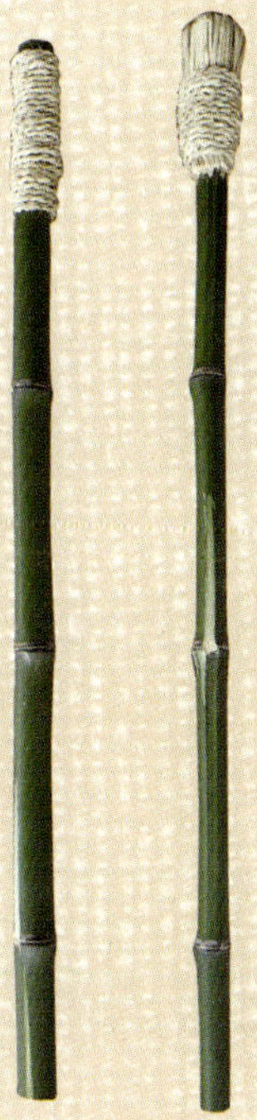

5

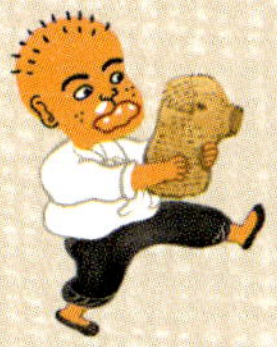

**1** 허리띠인 요질.
**2** 머리띠인 수질.
**3** 상주가 누울 때 베는 짚베개.
**4** 상주가 곡을 할 때 양손으로 붙잡고 의지하는 짚베개.
**5** 부친상에 쓰는 대나무 상장.

물밥

# 객귀에게 주는 밥

　제사 때 조상님께 음식을 올리고 난 뒤 음식을 조금씩 떼어 물에 말아 문밖에 두는데, 이는 '객귀'들을 위한 물밥이야. 옛날부터 객지에서 죽으면 저승에 가지 못하고 이승에서 떠돌아다니는 객귀가 된다고 하지. 때로는 객귀를 달래는 고사도 지내는데, 고사가 끝난 후 바가지에 밥을 물에 말아서 밖에 내놓는 것도 물밥이라고 해.

　물밥에는 소금 한 숟가락과 된장을 넣기도 하고, 고춧가루나 술, 동전 등을 넣기도 했어. 그리고 떡이나 과일, 국도 섞어 넣기도 했어. 또 물밥에는

객귀에게 주는 물밥.

수저를 두세 개쯤 넣었는데, 이는 객귀가 여럿임을 의미하지.

물밥은 짚으로도 만들었어. 짚을 두루뭉술하게 대충 묶어 그 안에 밥과 된장을 넣은 뒤 도랑이나 길가에 버리거나 나무에 걸어 두었어. 나무에 걸어 두면 객귀가 올라가 물밥을 먹으며 천년만년 그 위에서 산다고 믿었어. 집안의 아낙네들은 그렇게 나무에 걸어 둔 물밥에 빌며 집안에 나쁜 일이 일어나지 않기를 바랐어.

물밥은 사람이 아플 때에도 만들었어. 이때는 환자의 머리카락을 잘라 물밥에 함께 넣은 후 침을 뱉게 했어. 객귀가 몸에 들어와서 아프다고 믿어서 침을 뱉으면 나간다고 했어.

물밥이 왜 생겼을까 궁금할 거야. 알려지기에는 신라 제21대 왕인 비처왕이 까치의 도움으로 목숨을 건져서 정월 대보름에 찰밥을 지어 까치에게 바쳤다는 데에서 유래한다고 해. 실제로 물밥은 주로 새가 먹으니까 비처왕 이야기에서 유래하는지도 몰라. 물밥을 까치밥이라고 부르기도 하고.

물밥은 우리 조상들이 큰 행사가 있을 때, 주변까지도 돌보는 너그러운 마음이 담겨 있는 신앙이야. 맛있는 것, 좋은 일이 있을 땐 이웃과 함께 나누는 아름다운 풍습이 되살아났으면 좋겠어.

**물밥의 다른 이름**

**객귀밥, 꺼덩이, 사자밥, 치밥(키밥), 물귀밥, 물앞, 바가치밥(바가지밥), 뒷밥, 뒷전밥, 거리밥.**

부록

짚풀 공예를 배우자 1

# 새끼 꼬기

1. 짚 두세 가닥을 잡는다.

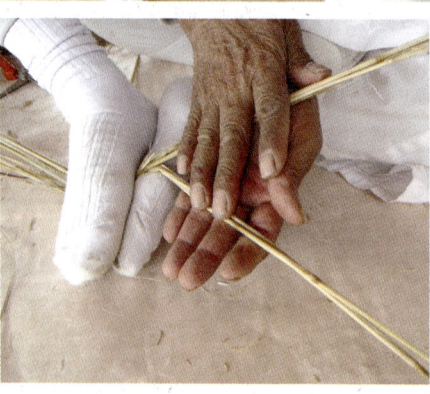

2. 줄기의 윗부분이 아래로 가게 한 후 중간 부분을 발로 밟고, 보기와 같이 왼손바닥에 놓는다.

3. 오른손바닥을 앞으로 밀며 왼손바닥 위에 있는 짚을 굴린다.

4. 같은 방법으로 끝 부분까지 꼰 후 끝을 묶는다.

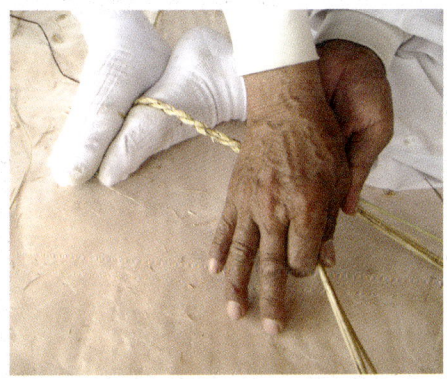

5. 묶은 부분을 발로 밟고 반대쪽 나머지를 꼰다.

6. 보기와 같이 마지막 부분에 이르면 새로운 짚을 다시 대고 꼰다.

짚풀 공예를 배우자 2

# 달걀꾸러미 만들기

 준비물 : 짚 20가닥, 달걀 3~10개

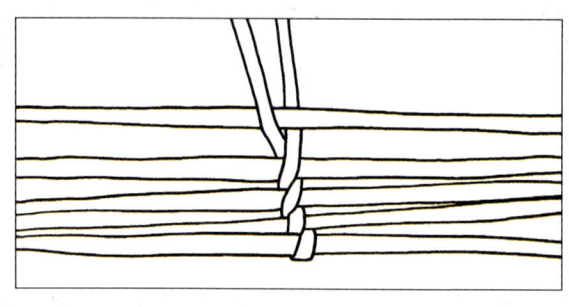

1. 가로 짚에 세로 짚을 교차시켜 엮는다. (반복)

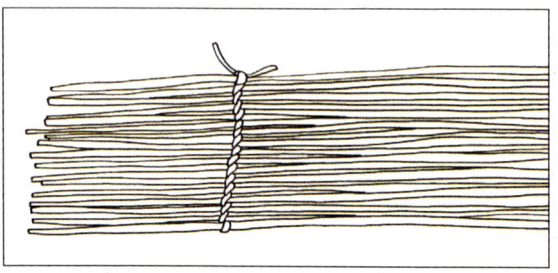

짚 18~20개를 한 번 엮은 모습.

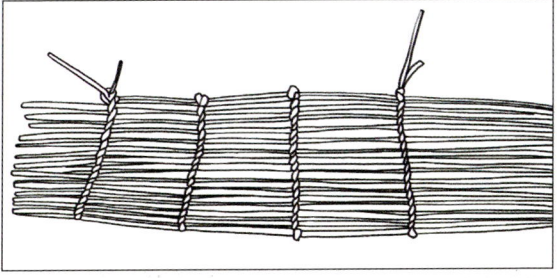

2. 같은 방법으로 세 번 더 엮는다.

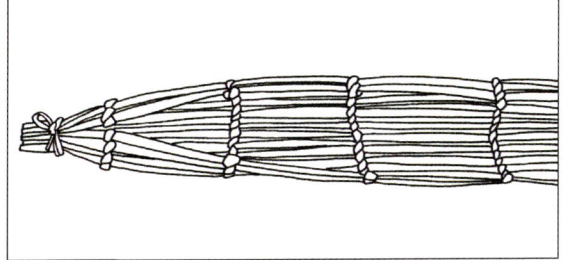

3. 한쪽 끝을 모아 묶는다.

4. 다른 쪽은 달걀을 넣은 뒤 마무리한다.

5. 남은 짚으로는 교차로 땋아서 손잡이를 만든다.

### 임채지 할아버지를 소개합니다!

1937년 전남 곡성 출생

2007년 산업인력공단 기능 전승자 선정

2010년 전라남도 문화상 수상

2011년 6월 KBS 인간극장 출연

2013년 5월 숭례문 복원 금줄 설치

2013년 전남 무형 문화재 제55호 초고장 지정

### 섬진강 기차 마을과 초고장 전승교육관

임채지 할아버지는 전남 곡성군에 있는 섬진강 기차 마을에서 짚풀 공예를 하고 있어. 기차 마을 안에 있는 초고장 전승교육관이 바로 할아버지가 작품을 만드는 곳이야.

초고장 전승교육관은 짚풀 공예의 전통을 잇기 위해 세워진 곳으로 안에는 짚신이나 삼태기, 멍석 등 다양한 짚풀 공예품이 전시되어 있어. 이 책에 소개된 짚풀 공예품은 모두 볼 수 있지. 또 이곳에서는 새끼꼬기 등 짚풀 공예를 체험할 수 있는데, 할아버지가 직접 가르쳐 주기도 해.

● 섬진강 기차 마을에 있는 초고장 전승교육관

● 기차 마을 입구

● 기차 마을 장미 공원

짚풀 공예 이외에도 널뛰기, 투호 던지기, 고리 던지기, 다듬잇돌 체험, 디딜방아 체험, 지게 지기, 윷놀이 등 다양한 민속 체험을 할 수 있고, 부채와 탈 그리기, 호패와 마패 만들기, 팽이, 윷 꾸미기, 솟대 만들기 등 전통 체험도 할 수 있어. 인터넷 검색창에 '미성 짚풀공예 문화원'을 입력하면 미리 살펴볼 수 있어.

섬진강 기차 마을은 미국의 CNN 방송이 2009년에 "한국에서 가봐야 할 아름다운 50곳"으로 선정한 곳이야. 옛 기차역에서 증기기관차와 레일바이크를 탈 수 있고, 아름다운 장미가 가득한 장미 공원과 회전목마, 바이킹, 관람차 등이 있는 놀이동산, 동물원, 요술랜드, 천적곤충관 등 볼거리가 아주 많아. 매년 5월 하순에는 세계 장미 축제가 10일 동안 열리고, 10월 초순에는 심청 축제가 열리는 곳이기도 하지. 섬진강 기차 마을은 재미있게 놀면서 전통문화도 체험할 수 있는 곳이야.

**신기방기 전통문화: 짚풀 공예**

## 짚신 신고 도롱이 입고 동네 한 바퀴!

**초판 1쇄 인쇄** 2016년 7월 2일
**초판 1쇄 발행** 2016년 7월 9일

**글** 정인수  **그림** 최선혜
**편집** 김숙진
**디자인** 손현주
**펴낸이** 김숙진·정용희
**인쇄** 천일문화사
**종이** 신승지류유통(주)
**제본** 제일문화사

**펴낸곳** (주)분홍고래
**출판등록** 2013년 6월 4일 제395-2013-000098호
**주소** 경기도 고양시 덕양구 은빛로 45 꽃무리빌딩 207-1호
**전화번호** 070-7590-1961(편집부) 070-7590-1917(마케팅)
**팩스** 031-624-1915
**전자우편** p_whale@naver.com
**분홍고래 블로그** blog.naver.com/p_whale

© 정인수·최선혜 2016

ISBN 979-11-85876-28-3  73910

이 도서의 국립중앙도서관 출판예정도서목록(CIP)은 서지정보유통지원시스템 홈페이지(http://seoji.nl.go.kr)와 국가자료공동목록시스템(http://www.nl.go.kr/kolisnet)에서 이용하실 수 있습니다. (CIP제어번호: CIP2016015377)
* 책값은 뒤표지에 표시되어 있습니다.

---

**품질경영 및 공산품 안전관리법에 의한 품질 표시**
**품명** 어린이 도서 | **제조년월일** 2016년 7월 | **사용연령** 8세 이상
**제조자명** (주)분홍고래 | **제조국** 대한민국 **연락처** (070)7590-1961

※경고 : 3세 이하의 영·유아는 사용을 금합니다. 종이에 베이거나 긁히지 않도록 조심하세요. 책 모서리가 날카로우니 던지거나 떨어뜨리지 마세요.